EinFach
Deutsch

Unterrichtsmodell

Ödön von Horváth

Geschichten aus
dem Wiener Wald

Erarbeitet von
Claudia Müller–Völkl und
Michael Völkl

Herausgegeben von
Johannes Diekhans

Baustein 4: Die Kleinbürger und ihre Sprache (S. 74–84 im Modell)

4.1	Die Definition des Begriffs „Kleinbürger"	Gesamter Text	Arbeitsblatt 19
4.2	Die Ökonomisierung des Daseins	Szene I, 1	Textarbeit, Tafelbild
4.3	Das Frauenbild	Szene II, 2–3	Textarbeit, kreatives Schreiben
4.4	Die Nähe zum Faschismus	Szene I, 3; II, 6; III, 1, 3	Expertengespräch, Arbeitsblatt 20
4.5	Die Sprache der Kleinbürger	Szene I, 2; II, 2	Textarbeit, Tafelbilder

Baustein 5: Aufbau und Struktur des Dramas (S. 85–97 im Modell)

5.1	Der Aufbau des Dramas	Gesamter Text	Arbeitsblätter 21–22
5.2	Die dramaturgische Struktur	Gesamter Text	Arbeitsblätter 23–27

Baustein 6: Die Rezeption des Stücks (S. 98–106 im Modell)

6.1	Künstlerische Rezeptionsansätze	Gesamter Text	Arbeitsblätter 28–29
6.2	Die Erstellung einer eigenen Rezension	Gesamter Text	Arbeitsblatt 30, Textproduktion

Geschichten aus dem Wiener Wald

Baustein 1: Hinführung zum Drama (S. 21–39 im Modell)

1.1	Erstbegegnung	Gesamter Text	Textarbeit, Tafelbild
1.2	Lektürephase	Gesamter Text	Arbeitsblatt 1
1.3	Reflexion des Leseprozesses	Gesamter Text	Bildauswertung, Arbeitsblätter 2–8

Baustein 2: Horváth als Dramatiker (S. 40–54 im Modell)

2.1	Leben und Werk	Gesamter Text	Textarbeit, Arbeitsblätter 9–11
2.2	Horváths „Gebrauchsanweisung"	Gesamter Text	Tafelbilder, Internetrecherche, Arbeitsblätter 12–14, Zusatzmaterial 1–2

Baustein 3: Das tragische Schicksal Mariannes (S. 55–73 im Modell)

3.1	Flucht aus der Fremdbestimmung	Szene I, 2–4	Textarbeit, szenische Darstellung, Arbeitsblätter 15–16
3.2	Entwürdigung und Selbstaufgabe	Szene II, 2–3, 5–7; III, 1, 4	Textarbeit, kreatives Schreiben, Tafelbild, Arbeitsblätter 17–18, Zusatzmaterial 3
3.3	Spiegelfiguren zu Marianne	Szene I, 2–3; II, 1, 4	Textanalyse, Tafelbild

Bildnachweis:

|akg-images GmbH, Berlin: 107. |Art Explosion, Calabasas, CA: 57, 66. |Berndt, Fred, Berlin: 33. |Cinetext Bild & Textarchiv GmbH, Wetzlar: 9. |ddp images GmbH, Hamburg: defd Deutscher Fernsehdienst 32, 34. |Domke, Franz-Josef, Hannover: 49. |Picture-Alliance GmbH, Frankfurt/M.: maxppp/Leemage 39; ZB/Lander, Andreas 31. |ullstein bild, Berlin: Keystone 108; United Archives/IFTN 110.

Wir arbeiten sehr sorgfältig daran, für alle verwendeten Abbildungen die Rechteinhaberinnen und Rechteinhaber zu ermitteln. Sollte uns dies im Einzelfall nicht vollständig gelungen sein, werden berechtigte Ansprüche selbstverständlich im Rahmen der üblichen Vereinbarungen abgegolten.

westermann GRUPPE

© 2009 Bildungshaus Schulbuchverlage
Westermann Schroedel Diesterweg Schöningh Winklers GmbH
Braunschweig, www.westermann.de

Das Werk und seine Teile sind urheberrechtlich geschützt.
Jede Nutzung in anderen als den gesetzlich zugelassenen bzw. vertraglich zugestandenen Fällen bedarf der vorherigen schriftlichen Einwilligung des Verlages. Nähere Informationen zur vertraglich gestatteten Anzahl von Kopien finden Sie auf www.schulbuchkopie.de.

Für Verweise (Links) auf Internet-Adressen gilt folgender Haftungshinweis:
Trotz sorgfältiger inhaltlicher Kontrolle wird die Haftung für die Inhalte der externen Seiten ausgeschlossen. Für den Inhalt dieser externen Seiten sind ausschließlich deren Betreiber verantwortlich. Sollten Sie daher auf kostenpflichtige, illegale oder anstößige Inhalte treffen, so bedauern wir dies ausdrücklich und bitten Sie, uns umgehend per E-Mail davon in Kenntnis zu setzen, damit beim Nachdruck der Verweis gelöscht wird.

Druck A³ / Jahr 2020
Alle Drucke der Serie A sind im Unterricht parallel verwendbar.

Umschlaggestaltung: Jennifer Kirchhof
Druck und Bindung: Westermann Druck Zwickau GmbH

ISBN 978-3-14-**022440**-6

Vorwort

Der vorliegende Band ist Teil einer Reihe, die Lehrerinnen und Lehrern erprobte und an den Bedürfnissen der Schulpraxis orientierte Unterrichtsmodelle zu ausgewählten Ganzschriften und weiteren relevanten Themen des Faches Deutsch bietet.

Im Mittelpunkt der Modelle stehen Bausteine, die jeweils thematische Schwerpunkte mit entsprechenden Untergliederungen beinhalten.

In übersichtlich gestalteter Form erhält der Benutzer/die Benutzerin zunächst einen Überblick zu den im Modell ausführlich behandelten Bausteinen.

Es folgen:

- Hinweise zu den Handlungsträgern
- Zusammenfassung des Inhalts und der Handlungsstruktur
- Vorüberlegungen zum Einsatz des Buches im Unterricht
- Hinweise zur Konzeption des Modells
- Ausführliche Darstellung der einzelnen Bausteine
- Zusatzmaterialien

Ein besonderes Merkmal der Unterrichtsmodelle ist die Praxisorientierung. Enthalten sind kopierfähige Arbeitsblätter, Vorschläge für Klassen- und Kursarbeiten, Tafelbilder, konkrete Arbeitsaufträge, Projektvorschläge. Handlungsorientierte Methoden sind in gleicher Weise berücksichtigt wie eher traditionelle Verfahren der Texterschließung und -bearbeitung.

Das Bausteinprinzip ermöglicht es dabei den Benutzern, Unterrichtsreihen in unterschiedlicher Weise und mit unterschiedlichen thematischen Akzentuierungen zu konzipieren. Auf diese Weise erleichtern die Modelle die Unterrichtsvorbereitung und tragen zu einer Entlastung der Benutzer bei.

Das vorliegende Modell bezieht sich auf folgende Textausgabe:
Ödön von Horváth: Geschichten aus dem Wiener Wald. Paderborn, Schöningh Verlag 2009. Best.-Nr. 022441-3

 Arbeitsfrage

 Einzelarbeit

 Partnerarbeit

 Gruppenarbeit

 Unterrichts-gespräch

 Schreibauftrag

 szenisches Spiel, Rollenspiel

 Mal- und Zeichenauftrag

 Bastelauftrag

 Projekt, offene Aufgabe

Inhaltsverzeichnis

Geschichten aus dem Wiener Wald

Helmut Qualtinger als Zauberkönig in der Verfilmung von Maximilian Schell (1979)

„Nichts gibt so sehr das Gefühl der Unendlichkeit
als wie die Dummheit" (S. 4)

Inhalt des Dramas

Ort und Zeit

Das Stück spielt um das Jahr 1930 in Österreich.
Als Spielorte dienen mehrere Örtlichkeiten in der Stadt Wien, die Wachau sowie der Wienerwald.

Wichtige Personen

Marianne: Die Tochter des Zauberkönigs versucht, aus ihrem beengten, von ihrem Vater vorbestimmten Leben auszubrechen, und lehnt aus diesem Grund den künftigen Gatten Oskar ab. Stattdessen beginnt sie ein Verhältnis mit Alfred, weshalb sie von ihrem Vater verstoßen wird. Die Beziehung verläuft trotz der Geburt des gemeinsamen Sohnes Leopold unglücklich, da Alfred ihre Liebe nicht erwidert. Verlassen von ihm erlebt sie einen totalen sozialen Abstieg zur Nackttänzerin und zur Diebin. Nach dem Tod ihres Sohnes Leopold resigniert sie endgültig und ist zur Ehe mit Oskar bereit.

Alfred: Der Lebemann und Frauenheld Alfred Zentner stammt aus der Wachau, ist aber in Wien beheimatet. Er hat seine Anstellung als Bankbeamter aufgegeben und lebt von Pferdewetten. Ursprünglich mit der Tabakgeschäftsbetreiberin Valerie liiert, lässt er sich auf ein Verhältnis mit der eigentlich mit Oskar verlobten Marianne ein. Die Beziehung scheitert an seiner Bindungsunwilligkeit, und auch für den gemeinsamen Sohn Leopold lehnt er jede Verantwortung ab. Schließlich trennt er sich von seiner Partnerin und treibt sie in den gesellschaftlichen Ruin. Er selbst realisiert seinen Plan einer neuen Existenz in Frankreich nicht, sondern beschäftigt sich erneut mit Pferdewetten.

Valerie: Die Witwe besitzt ein Tabakgeschäft. Ihre Einsamkeit treibt sie immer wieder in die Hände jüngerer Männer. Als sie nach dem Ende ihres Verhältnisses mit Alfred mit dem rechtsradikalen Studenten Erich zusammenkommt, nutzt dieser sie aus und respektiert sie nicht. Anders als die anderen Figuren besitzt sie offenbar soziales Einfühlungsvermögen: Sie leidet an der Erniedrigung Mariannes in einem Nacktclub, setzt sich für die Aussöhnung zwischen dem Zauberkönig und seiner Tochter ein und macht Alfred in einem ernsten Gespräch die negativen Seiten seines Charakters deutlich.

Zauberkönig: Der Witwer trägt seinen Namen nach seinem Spielzeugwarenladen „Zum Zauberkönig". Er vertritt ein kleinbürgerliches, vom Glauben an (männliche) Macht und gesellschaftliches Ansehen geprägtes Weltbild. Als ihn seine Tochter Marianne enttäuscht, weil sie die Verlobung mit dem Metzger Oskar löst, verstößt er sie und nimmt ihren sozialen Abstieg zunächst teilnahmslos zur Kenntnis. Als sie des Diebstahls überführt wird, erleidet er einen Schlaganfall, weil er seine bürgerliche Ehre zerstört sieht. Als gebrochener Mann will er sogar seinen Laden schließen. Valerie kann ihn jedoch davon überzeugen, dass eine Aussöhnung mit seiner Tochter das Geschäft retten könnte. Als er vom Tod seines Enkels erfährt, deutet sich ein zweiter Schlaganfall an.

Großmutter: Sie hängt sehr an Alfred, dessen Zukunft für sie an erster Stelle steht. In diesem Sinne lehnt sie Marianne, die Partnerin Alfreds, sowie den gemeinsamen Sohn Leopold ab, weil sie die beiden als Hindernis für den sozialen Aufstieg ihres Enkels betrachtet. Sie zeigt in ihren Worten und Taten keinerlei Skrupel und schreckt nicht einmal davor zurück, den Tod des kleinen Leopold in Kauf zu nehmen.

Mutter: Die Mutter von Alfred lebt zusammen mit ihrer Mutter in der Wachau. Sie sorgt sich sehr um die Zukunft ihres Sohnes und nimmt auch seinen kleinen Sohn in Pflege. Allerdings kann sie sich nicht gegen die Böswilligkeiten der Großmutter Alfreds durchsetzen.

Ferdinand: Der durchtriebene Ferdinand Hierlinger ist ein enger Freund Alfreds. Um dessen Trennung von Marianne zu unterstützen, besorgt er ihr ein Engagement in einem Tanz-Ensemble.

Oskar: Der Fleischer ist ein schlichter Mensch mit primitiven, teils brutalen Zügen, der sich jedoch gerne mit der Maske bürgerlicher Wohlanständigkeit ziert. Als Marianne die Verlobung mit ihm löst, ist er sicher, dass er sie zurückbekommen wird. Dies tritt am Ende des Stücks auch ein.

Rittmeister: Der Pensionist repräsentiert vordergründig die Werte des alten österreichischen Kaiserreichs, das mit dem Ersten Weltkrieg untergegangen ist. Allerdings kreist sein wirkliches Denken immerzu um seine soziale Position: Die ausgebliebene Beförderung zum Major hat er nicht verwunden, mit Lottospielen hofft er auf ein spätes Glück. Die von ihm betriebene Konfrontation zwischen dem Zauberkönig und seiner als Nackttänzerin arbeitenden Tochter dient vordergründig dem Zweck der Aussöhnung, dürfte allerdings auch sozialer Schadenfreude entspringen.

Erich: Er ist ein aus Deutschland stammender Jurastudent, der die ältere Valerie finanziell ausnutzt und dann fallen lässt. Er vertritt das Gedankengut der Nationalsozialisten und verhält sich rassistisch und militaristisch. Sein von ihm oft betonter Ehrbegriff erweist sich durch seine tatsächlichen Handlungen als aufgesetzt und falsch.

Havlitschek: Der Fleischergehilfe gehört einer einfachen gesellschaftlichen Schicht an und kann damit, anders als sein Chef Oskar, auf die bürgerliche Fassade verzichten. Ohne Rücksichtnahme auf gesellschaftliche Konventionen zeigt er seine Frauenfeindlichkeit sowie sein von Brutalität geprägtes Wesen.

Handlungsverlauf

Erster Teil

I. Draußen in der Wachau

Alfred ist zu einem seiner seltenen Höflichkeitsbesuche zu seiner Mutter und zu seiner Groß-mutter in die Wachau gekommen. Gegenüber seiner Mutter gesteht er ein, dass er seine sichere Anstellung bei einer Bank aufgegeben hat und stattdessen zweifelhaften Geldge-schäften nachgeht. Sie wiederum macht ihm deutlich, dass sie sich eine finanziell gute Partie für ihren unverheirateten Sohn wünscht.

Als Alfreds Freund Ferdinand Hierlinger in Begleitung der deutlich älteren Valerie erscheint, um ihn abzuholen, unternimmt Alfreds Mutter zusammen mit Ferdinand eine kurze Besich-tigung einer nahe gelegenen Turmruine. Unterdessen stellt Valerie Alfred wegen falscher Wettabrechnungen zur Rede. Mithilfe seiner Beredsamkeit kann dieser sie jedoch beschwich-tigen.

Im sich anschließenden Gespräch zwischen Alfred und seiner Großmutter zeigt sich diese zum einen besorgt um ihren „Liebling", zum anderen fordert sie das Geld zurück, das sie ihrem Enkel geliehen hat, da sie damit die Finanzierung ihrer Beerdigung sicherstellen wol-le. Alfred schafft es jedoch, sie zu vertrösten.

II. Stille Straße im achten Bezirk

Der Metzger Oskar empört sich gegenüber seinem Gehilfen Havlitschek mit rohen Worten über die Kritik Inas, eines elfjährigen Mädchens, an seiner Blutwurst. Der hinzukommende pensionierte Rittmeister lobt die Wurst dagegen in höchsten Tönen. Nachdem sich Oskar verabschiedet hat, weil er den Gedenkgottesdienst für seine ein Jahr zuvor verstorbene Mutter besuchen will, führt der Rittmeister eine kurze Unterhaltung mit Valerie, die neben der Metzgerei eine kleine Tabakhandlung betreibt. Im Anschluss daran wird er Zeuge, wie Marianne, die soeben im Spielzeugladen noch sehr zuvorkommend eine Kundin bedient hat, ihrem ungeduldigen Vater bei der Suche nach seinen Sockenhaltern behilflich sein muss. Der nach seinem Geschäft benannte „Zauberkönig" will ebenso wie Oskar an der Messe teilnehmen.

Nach erfolgreich beendeter Wäschesuche begibt sich Marianne auf die Straße zu Oskar, der sie mit Ablauf des Trauerjahrs heiraten will und bereits die Hochzeitsfeierlichkeiten plant. Marianne macht ihm jedoch deutlich, dass es sich von ihrer Seite aus keineswegs um eine Liebesheirat handelt. Als sie beim Erscheinen ihres Vaters wortlos in den Laden zurückkehrt, empfindet der Zauberkönig dies als Respektlosigkeit. Er fühlt sich deshalb verpflichtet, sei-nem künftigen Schwiegersohn wohlmeinende Ratschläge über den Umgang mit Frauen zu geben, die sein patriarchalisches und autoritäres Weltbild widerspiegeln. Dann treten beide den Weg in die Kirche an.

Als Alfred erscheint, beginnt dieser einen stummen Flirt mit Marianne, die gerade das Schau-fenster dekoriert. Valerie verfolgt das Geschehen eifersüchtig von ihrem Geschäft aus und macht Alfred anschließend angesichts seines Interesses an der Nachbarin heftige Vorwürfe. Die beiden geraten in einen Streit und gehen unversöhnt auseinander.

III. Am nächsten Sonntag im Wiener Wald

Der Zauberkönig richtet anlässlich der Feier der Verlobung seiner Tochter ein Fest im Grünen aus. Oskar präsentiert sich dabei seiner künftigen Verwandtschaft als Familienmensch.

Zwischen dem ebenfalls anwesenden Alfred und Valerie bestehen nach wie vor erhebliche Spannungen. Als Alfred Marianne gegenüber Avancen macht, öffnet sich diese und vertraut ihm ihre eigentliche Einstellung gegenüber der Ehe mit Oskar an. Valerie findet unterdessen Kontakt zu dem Studenten Erich, dem Cousin Mariannes, der aus Deutschland stammt und keinen Zweifel an seiner nationalsozialistischen Gesinnung lässt.

Nachdem der Zauberkönig die Verlobung zwischen seiner Tochter und Oskar offiziell verkündet hat, geht man zum gesellschaftlichen Teil der Feier über. In dessen Verlauf demonstriert Oskar an seiner künftigen Frau Kampfsporttechniken, was von den meisten Anwesenden als unangemessen brutal wahrgenommen wird, den Zauberkönig jedoch beeindruckt. Man beschließt, gemeinsam schwimmen zu gehen. Dabei zeigt der Zauberkönig deutliches Interesse an Valerie, die, sichtlich angetrunken, zunächst darauf eingeht, dann aber dem Werben Erichs den Vorzug gibt, der sie mit Schießübungen beeindruckt und seine Neigung zu älteren Frauen offenbart.

IV. An der schönen blauen Donau

Am Abend der Verlobungsfeier kommt es zu einer körperlichen Annäherung zwischen Marianne und Alfred und zu einer Liebeserklärung Mariannes, der gegenüber sich Alfred jedoch sehr reserviert verhält. Auf ihren Entschluss, Oskar nicht zu heiraten, reagiert er, indem er Vernunftgründe zu bedenken gibt. Marianne deutet dieses Zögern als Respekt ihr gegenüber. Als der Zauberkönig hinzukommt und die Lage begreift, geht es ihm vor allem darum, die Verlobung nicht zu gefährden. Er und Alfred versuchen im Weiteren vergeblich, den Vorfall vor Oskar zu vertuschen. Marianne kündigt ihm jedoch offen die Verlobung auf, was Oskar mit der bedeutungsvollen Drohung kontert, sie werde ihm nicht entgehen. Der Zauberkönig wiederum verstößt seine Tochter, als er in Erfahrung bringt, dass Alfred keinerlei Vermögen besitzt und damit keine gute Partie darstellt. Nunmehr allein zurückgelassen, wirkt Marianne befreit und glücklich, während Alfred sich zurückhaltend zeigt.

Zweiter Teil

I. Wieder in der stillen Straße im achten Bezirk

Die geplatzte Verlobung liegt ein Jahr zurück. Vor dem Metzgerladen bandeln Havlitschek und Emma miteinander an. Als das Gespräch auf Oskar kommt, erfährt Emma, dass dieser bislang nicht über die Trennung von Marianne hinweggekommen ist. Nachdem Emma sich entfernt hat, erscheint Oskar, um Havlitschek an einen Schlachttermin zu erinnern. Dieser lenkt das Gespräch auf Oskars unglückliche Liebe, kann seinen Chef jedoch nicht davon überzeugen, von Marianne abzulassen.

II. Möbliertes Zimmer im achtzehnten Bezirk

Alfred, Marianne und ihr kleines Kind leben unter räumlich und finanziell eingeschränkten Verhältnissen zusammen. Alfred ist äußerst unzufrieden darüber, entsprechend dem Willen Mariannes das Wettgeschäft aufgegeben zu haben und stattdessen sein Geld mühselig als Kosmetikvertreter verdienen zu müssen, was angesichts der miserablen wirtschaftlichen Lage im Land ein wenig lukratives Unterfangen darstellt. Das von Marianne betonte einjährige Jubiläum ihres Beisammenseins bedeutet ihm nichts. Stattdessen möchte er ihr Kind zu seiner Mutter geben, um die familiäre Situation zu entlasten. Marianne bezeichnet er als dumm, während diese um den Fortbestand der Beziehung fürchtet.

III. Kleines Café im zweiten Bezirk

Alfred trifft auf seinen Freund Ferdinand Hierlinger und spielt eine Partie Billard mit ihm. Dabei eröffnet er ihm, dass er außer Mitleid nichts mehr für Marianne empfinde und dass er auch das gemeinsame Kind von Anfang an abgelehnt habe, eine versuchte Abtreibung aber gescheitert sei. In diesem Moment erscheint Marianne und nimmt im Café Platz. Alfred bittet seinen Freund darum, ihm bei der Vorbereitung der Trennung behilflich zu sein. Ferdinand rät ihm dazu, seine Frau arbeiten gehen zu lassen. Dies würde die ökonomische Abhängigkeit Mariannes beseitigen und damit zur Auflösung des familiären Zusammenhalts führen. Da Marianne jedoch über keine Berufsausbildung verfügt und allenfalls eine Neigung zu Rhythmusgymnastik besitzt, will sich Ferdinand bei einer Bekannten, einer „Baronin mit internationalen Verbindungen", die Tanzgruppen in zweifelhaften Etablissements organisiert, für sie verwenden.

Nach dem Abgang Ferdinands wendet sich Alfred seiner Frau zu und wird gewahr, dass sie ein Amulett des Heiligen Antonius trägt, von dem sie sich offenbar Hilfe bei der Suche nach etwas ersehnt, das sie in ihrem Leben verloren hat.

IV. Bei der Baronin mit den internationalen Verbindungen

Ferdinand und Marianne suchen die Baronin auf. Dort treffen sie zunächst auf deren blinde Schwester Helene, die als Expertin fürs Handlesen vorgestellt wird und die Marianne eine glückliche Zukunft mit ihrem Kind voraussagt. Als die Baronin erscheint, weist sie zunächst die von ihr abhängige Helene brüsk in die Schranken und verständigt sich dann mit Ferdinand. Außerdem nimmt sie Marianne in Augenschein, von der sie eine Gesangsprobe verlangt, worauf diese das „Lied von der Wachau" anstimmt.

V. Draußen in der Wachau

Bei einem Besuch Alfreds in der Wachau machen ihm sowohl seine Mutter als auch seine Großmutter, die seinen Sohn Leopold versorgen, deutlich, dass sie seine Beziehung zu Marianne ablehnen. Die Großmutter fordert ein weiteres Mal das von ihr geliehene Geld zurück und lehnt es ab, Alfred noch mehr Kredit einzuräumen, bis er sein Verhältnis mit Marianne beendet. Zudem rät sie ihm, nach Frankreich zu gehen, wo es aussichtsreichere Karrierechancen gebe. Um sein Kind müsse er sich nicht weiter sorgen.

VI. Und wieder in der stillen Straße im achten Bezirk

Der Rittmeister lobt erneut die Wurst Oskars und gesellt sich zu Valerie. Eine Kundin erkundigt sich beim Zauberkönig nach einer früheren Verkäuferin, in der sie seine Tochter erkannt hat, was dieser jedoch energisch bestreitet. Als Erich Valeries Laden verlässt, um zur Universität zu gehen, verspricht er seiner Gönnerin, dass er seine Schulden bei ihr zurückzahlen wolle. Anschließend entbrennt ein Wortgefecht zwischen ihm und dem Rittmeister, in dem er die österreichische Seite für die Niederlage im Ersten Weltkrieg schuldig macht, worauf es beinahe zu einem Duell zwischen den beiden kommt.

Als Alfred bei Valerie erscheint, wird Oskar zum heimlichen Zeugen des Aufeinandertreffens. Während Alfred von nostalgischen Gefühlen getrieben wird, verhält sich Valerie abweisend. Alfred teilt ihr mit, dass er Marianne verlassen und sein Glück in Frankreich suchen werde. Nachdem er abgegangen ist, tritt Oskar auf, der gesteht, das Gespräch belauscht zu haben, und Valerie eröffnet, noch immer in Marianne verliebt zu sein und sie zurücknehmen zu wollen, sollte ihr Kind den Tod finden. Valerie zeigt sich entrüstet angesichts solcher Gedanken.

VII. Im Stephansdom

Im Beichtstuhl bekennt und bereut Marianne ihre Sünden, nimmt aber die Geburt ihres unehelichen Kindes aus. Der Beichtvater spricht sie deshalb nicht von den Sünden los. Marianne richtet in ihrer Not ein verzweifeltes Gebet an Gott.

Dritter Teil

I. Beim Heurigen

Der Zauberkönig, Valerie und Erich lassen es sich beim Heurigen gut gehen und befinden sich in feuchtfröhlicher Stimmung. Der Rittmeister kommt hinzu. Er begleitet einen Bekannten, den „Mister", der einst mit seinem im Krieg verschollenen Bruder befreundet war und der es in Amerika zu einem Vermögen gebracht hat. Der Rittmeister, der die ablehnende Haltung des Zauberkönigs gegenüber seiner Tochter nicht versteht, deutet an, im weiteren Verlauf des Abends Neuigkeiten über Mariannes Verbleib enthüllen zu wollen. Der in

Selbstmitleid schwelgende Zauberkönig bedauert gegenüber Valerie die Eheschließung mit seiner inzwischen verstorbenen Frau und wünscht sich im Nachhinein eine Verbindung mit seiner Gesprächspartnerin.

Als Regen einsetzt, lädt der Mister die versammelte Gesellschaft in ein Nachtlokal ein. Der Rittmeister lenkt die Gruppe ins „Maxim", wo er und der Zauberkönig sich mit Prostituierten amüsieren. Als auf der Bühne Tanzmädchen Gruppenakte präsentieren, erkennt Valerie unter den Beteiligten Marianne und erleidet einen hysterischen Anfall, der zum Abbruch der Inszenierung führt. Der Zauberkönig begreift, dass der vom Rittmeister inszenierte Besuch im „Maxim" vor allem eine Begegnung mit seiner tief gesunkenen Tochter ermöglichen sollte. Er bleibt jedoch hartnäckig bei seiner Ablehnung Mariannes. Als ihm diese persönlich gegenübertritt und im persönlichen Gespräch ihre verzweifelte Lage darstellt, wobei sie sogar über Selbstmord nachdenkt, entzieht er sich schließlich der belastenden Konfrontation und geht.

Der Mister wiederum weiß nichts von den Zusammenhängen und will die Dienste der scheinbaren Prostituierten Marianne in Anspruch nehmen. Marianne lehnt dies ab, stiehlt aber gleichzeitig Geld aus seiner Brieftasche, was der Mister sofort bemerkt und öffentlich macht.

II. Draußen in der Wachau

Alfred besucht seine Mutter und seine Großmutter. Sehr zum Ärger der Großmutter stellt sich heraus, dass Alfred mit dem von ihr geliehenen Geld keineswegs nach Frankreich gegangen ist, sondern alles beim Pferderennen verloren hat. In ihrem Zorn sieht sie Alfred ebenso im Zuchthaus enden wie Marianne. Dieser nimmt seine ehemalige Partnerin jedoch in Schutz und sieht sich als Mitschuldigen an ihrem Verhängnis. Sein kleiner Sohn Leopold ist durch eine Erkältung gesundheitlich schwer angegriffen. Die Mutter wirft Alfreds Großmutter offen vor, das Kind absichtlich in die kalte Zugluft gestellt zu haben, was diese abstreitet. Gleichzeitig gibt sie aber auch unmissverständlich zu erkennen, dass sie den Tod des Kindes für besser hielte.

III. Und abermals in der stillen Straße im achten Bezirk

Der Zauberkönig führt einen Ausverkauf durch. Im Gespräch mit Valerie äußert der Rittmeister seine Sorge, an seinem demoralisierten Zustand mitschuldig zu sein. Marianne beschwichtigt ihn, eröffnet ihm aber auch, dass der Zauberkönig einen Schlaganfall erlitten habe, als er von der Verhaftung seiner Tochter erfahren hat. Marianne habe sie nach der Untersuchungshaft aufgesucht, weshalb sie sich ihrerseits entschlossen habe, auf eine Versöhnung zwischen Vater und Tochter hinzuwirken.

Der hinzukommende Erich eröffnet ihr, dass er sie verlassen wolle. Da ihr an einer freundschaftlichen Trennung liegt, verzichtet Valerie auf die Rückzahlung seiner Schulden. Erich ist einverstanden, aber als sie in ihrem Geschäft verschwindet, äußert er sich mit abschätzigen Worten über sie.

Alfred und Oskar erscheinen. Alfred verzichtet Oskar gegenüber auf seine Beziehung mit Marianne, da es sich von seiner Seite niemals um die große Liebe gehandelt habe. Oskar zeigt Verständnis für Alfreds Entscheidung und will eine Versöhnung zwischen den beiden ins Werk setzen.

Unterdessen redet Valerie dem Zauberkönig ins Gewissen. Sie macht ihm deutlich, dass er mit Mariannes Hilfe sein Geschäft weiter betreiben könne, und kann ihn zur Anerkennung seiner Großvaterschaft bewegen. Den von Alfred unternommenen Aussöhnungsversuch mit Valerie nutzt diese dazu, seinen bisherigen Verfehlungen einen Spiegel vorzuhalten. Anschließend erscheint Marianne. Valerie gelingt es, Oskar dazu zu bewegen, Marianne erneut die Ehe in Aussicht zu stellen. Allerdings sieht dieser das Kind als Hinderungsgrund. Valerie kann im Folgenden außerdem Marianne überzeugen, ihren Vater aufzusuchen, wozu sie vor allem die Sorge um das Wohl ihres Kindes veranlasst.

IV. Draußen in der Wachau

Mutter und Großmutter verfassen einen Brief, in dem sie Marianne vom Ableben ihres Sohnes Leopold in Kenntnis setzen wollen. Dabei geraten sie in Streit über die Schuldfrage. Als Marianne, ihr Vater, Alfred, Valerie und Oskar erscheinen, um den kleinen Leopold zu besuchen, überreicht die Großmutter Marianne den Brief. Diese macht in der Großmutter die Schuldige am Tod ihres Sohnes aus und will sie im Affekt mit einer Zither erschlagen, was Oskar jedoch verhindern kann. Angesichts der Ereignisse befürchtet der Zauberkönig einen zweiten Schlaganfall. Alfred wiederum zeigt eine gewisse Trauer. Marianne ist nach ihrem Zornesausbruch innerlich gebrochen und ergibt sich in die Ehe mit Oskar, der sie an sein einstiges Versprechen erinnert, dass sie ihm nicht entkommen könne.

Vorüberlegungen zum Einsatz des Dramas im Unterricht

Anlässlich der Uraufführung im Wien des Jahres 1931 wurde Ödön von Horváths Stück „Geschichten aus dem Wiener Wald" als das „bitterste, das böseste, das bitterböseste Stück neuerer deutscher Literatur"[1] bezeichnet. Offenbar verfehlte die von Horváth in Szene gesetzte offene und schonungslose Aufdeckung gesellschaftlicher Missstände, vorgetragen mit den Mitteln beißender Satire und einer umfassend angelegten Ironie, die beabsichtigte Wirkung beim Publikum nicht.

„Nichts gibt so sehr das Gefühl der Unendlichkeit als wie die Dummheit" – Dieses dem Stück vorangestellte Motto bringt die Intention des Dramatikers auf den Punkt, geht es ihm doch um die Demaskierung eines dumpfen gesellschaftlichen Bewusstseinsstands. Zu diesem Zweck erneuert er die Genre-Tradition des Wiener Volksstücks, wobei er jedoch anders als Nestroy und seine Zeitgenossen seine Figuren nicht aus dem einfachen Volk, sondern aus der bürgerlichen Mittelschicht rekrutiert. Er stellt die typischen Kleinbürger seiner Zeit auf die Bühne und entlarvt ihre Träume vom gesellschaftlichen Aufstieg als Illusion. Sie scheitern sowohl an den äußeren Umständen wie auch an der eigenen, egoistischen Begrenztheit. Diese sozialkritische Dimension des Dramas hat bis zur Gegenwart nichts von ihrer Aktualität eingebüßt.

Neben der Treffsicherheit des gesellschaftlichen Befundes zeichnet sich das Werk zugleich auch durch seine hohe literarische Qualität aus: Ein kunstvoll gestalteter, struktureller Aufbau, die an Pointen reichen, auf subtile Weise demaskierenden Dialoge, die zahlreichen Einzelmotive sowie die effektvolle dramaturgische Gestaltung ergeben ein Kunstwerk, das ganz zu Recht bis heute den Status eines vielgespielten Bühnenklassikers einnimmt. Vor diesem Hintergrund werden auch das enorme didaktische Potenzial des Textes und damit seine Eignung für den Einsatz im Deutschunterricht der Oberstufe deutlich.

Dabei erhebt das vorliegende Unterrichtsmodell keineswegs den Anspruch interpretatorischer Vollständigkeit. Die aus didaktischen sowie praktischen Gründen notwendige Schwerpunktsetzung umfasst dennoch zahlreiche exemplarische Ansätze, um den Schülerinnen und Schülern möglichst viele der inhaltlichen, formalen und sprachlichen Facetten des Stücks zu erschließen und damit eine Basis für eine lebendige Auseinandersetzung mit dem Drama zu schaffen.

Ergänzend zum vorliegenden Unterrichtsmodell steht eine Textausgabe zur Verfügung, die neben dem mit Worterklärungen versehenen Dramentext auch Materialien zur Biografie Horváths und zum Stück selbst umfasst.[2] Das Modell nimmt auf dieses Material immer wieder Bezug. Beigefügt ist außerdem ein Analyseschema zum Sprachverhalten dramatischer Figuren, mit dem sich die Schülerinnen und Schüler eigenständig auf eine entsprechend ausgerichtete Aufgabenstellung in einer Schulaufgabe beziehungsweise Klausur vorbereiten können.

Als Begleitung zur Textlektüre bietet sich der Einsatz einer der im Folgenden aufgeführten Verfilmungen des Stücks an:

- Geschichten aus dem Wiener Wald. Regisseur: Maximilian Schell, Bundesrepublik Deutschland/Österreich 1979.

---

[1] So das Urteil des Kritikers Kurt Pinthus, zitiert in: Krischke, Materialien zu Ödön von Horváths „Geschichten aus dem Wiener Wald", S. 127
[2] Ödön von Horváth: Geschichten aus dem Wiener Wald. Paderborn: Schöningh Verlag 2009. Best.-Nr.: 022441

- Geschichten aus dem Wiener Wald. Fernsehfilm für das ZDF. Regisseur: Martin Kusej, Bundesrepublik Deutschland 1999.

Die dem Modell zugrundeliegende Fachliteratur findet sich im Literaturverzeichnis. Für eine vertiefte Vorbereitung auf die Unterrichtssequenz kann die Lehrkraft außerdem auf folgende Internetseiten zurückgreifen:

http://www.horvath-gesellschaft.de
(Homepage der in Murnau ansässigen Ödön-von-Horváth-Gesellschaft; Stand: 1.8.2008)

http://www.literaturhaus.at/autoren/H/horvath
(Autorenseite des Wiener Literaturhauses; Stand: 1.8.2008)

http://www.dhm.de/lemo/html/biografien/HorvathOedoen
(Tabellarischer Lebenslauf Horváths; Stand: 1.8.2008)

http://www.zum.de/Faecher/D/BW/gym/Horvath
(Materialien zu Biografie und Werk Horváths; Stand: 1.8.2008)

http://www.mrg-berlin.de/mrg_unterricht/cnt/de/pdf/volksstueck.pdf
(kurzgefasster Überblick über die Gattung „Volksstück"; Stand: 1.8.2008)

http://www.literaturhaus.at/zirkular/projekte/horvathkritisch/
(Projekt einer „kritisch-genetischen" Werkausgabe Horváths; Stand: 1.8.2008)

http://www.akustische-chronik.at
(Chronologisch aufgebaute Mediathek zur Geschichte Österreichs im 20. Jahrhundert; Stand: 1.8.2008)

http://aeiou.iicm.tugraz.at/js-gesch.htm
(Informations- und Audiodateien des österreichischen Kulturinformationssystems „AEIOU" zum Walzer „Geschichten aus dem Wienerwald" von Johann Strauß Sohn; Stand: 1.8.2008)

http://www.li-go.de/definitionsansicht/ligostart.html
(für das Selbststudium konzipiertes online-Lexikon literaturwissenschaftlicher Grundbegriffe; Stand: 1.8.2008)

http://www.theaterportal.de/lehrplan
(Datenbank für Theaterinszenierungen, mit der Lehrerinnen und Lehrer aktuelle Aufführungstermine lehrplanrelevanter Stücke in Erfahrung bringen können; Stand: 1.8.2008)

http://www.lehrer-online.de/513341.php?sid=9738574003598961392221141145510
(Verzeichnis spezieller Suchmaschinen, die für die fachwissenschaftliche Recherche geeignet sind; Stand: 1.8.2008)

http://theaterkompass.de/index.php?id=startseite
(Plattform rund ums Theater; Stand: 1.8.2008)

http://www.theaterforschung.de
(Internetportal für Theorie und Praxis des Theaters; Stand: 1.8.2008)

Vorschläge für Schulaufgaben- beziehungsweise Klausurthemen:

1. Erklären Sie anhand der Szene I, 1 Horváths dramatisches Konzept und zeigen Sie, worin sich sein „neues Volksstück" vom traditionellen Typ des Volksstücks unterscheidet.

2. *Charakterisieren Sie die Person „Hierlinger Ferdinand" anhand der Szene II, 3 und berücksichtigen Sie dabei ihr Sprachverhalten. Erläutern Sie darüber hinaus die Funktion dieser Figur innerhalb des Dramas.*

3. *Charakterisieren Sie die Person „Havlitschek" auf der Grundlage der Szene II, 1 und berücksichtigen Sie dabei ihr Sprachverhalten. Erläutern Sie außerdem, inwieweit Havlitschek als typischer Vertreter des von Horváth in seinem Stück kritisierten Kleinbürgertums angesehen werden kann.*

4. *Geben Sie die folgende Aussage über das Drama mit eigenen Worten wieder und erläutern Sie die wichtigsten Thesen anhand aussagekräftiger Textstellen.*
   „Ein Staat, angesiedelt im Herzen Europas, voller landschaftlicher und gemüthafter Reize, reich versehen mit seelischen Werten und traulichen Traditionen, darüber gebreitet eine Art von leicht fasslichem Humor. Die Menschen darin bewegt von jener Form süddeutscher Herzigkeit, die eine besonders mörderische Variante des Deutschen ist. Denn ihre Sprache verrät sie. Nicht in Beschreibung und Schilderung, sondern durch ihre besondere Art, sich selber auszudrücken."[1]

5. *Betten Sie zunächst die Szene II, 7 „Im Stephansdom" in den Handlungszusammenhang ein. Vergleichen Sie anschließend die Textstelle mit der Szene „Dom" aus Goethes Faust I. Berücksichtigen Sie dabei sowohl inhaltliche als auch dramaturgische Kriterien.*

[Aufgabenstellung ist nur in Klassen beziehungsweise Kursen sinnvoll, in denen Goethes „Faust" bereits im Unterricht behandelt wurde. Die Kopiervorlage findet sich im **Zusatzmaterial 3**, S. 110.]

Vorschläge für Facharbeits- beziehungsweise Seminararbeitsthemen:

1. Zwischen Bücherverbrennung und dem „Reichsverband Deutscher Schriftsteller" – Ödön von Horváth und der Nationalsozialismus

2. Entmenschlichungsprozesse auf der Bühne: Ein Vergleich zwischen Ödön von Horváths Marianne („Geschichten aus dem Wiener Wald") und Georg Büchners Woyzeck („Woyzeck")

3. Der Kindsmord als Thema der Literatur bei Goethe („Faust I"), Hauptmann („Rose Bernd") und Horváth („Geschichten aus dem Wiener Wald")

4. Das Erbe Horváths: Die Weiterentwicklung des Volksstücks bei Peter Turrini und Franz Xaver Kroetz, aufgezeigt an jeweils einem frei gewählten Werk

5. Der Stellenwert des Theaterstücks „Geschichten aus dem Wiener Wald" zu Beginn des 21. Jahrhunderts: Eine Auswertung aktueller Aufführungskritiken seit 2001 (Das Internet bietet hierzu eine Fülle an geeigneten Rezensionen!)

6. Das Drama „Geschichten aus dem Wiener Wald" im Spiegel seiner Verfilmungen: Ein Vergleich zwischen dem Kinofilm von Maximilian Schell (1979) und der Fernsehfassung von Martin Kusej (1999)

7. Die „Geschichten aus dem Wiener Wald" auf der Schulbühne: Konzeption einer Fassung für die schuleigene Theatergruppe

---

[1] Aus: Peter Wapnewski: Ödön von Horváth und seine „Geschichten aus dem Wiener Wald", in: Traugott Krischke (Hrsg.): Materialien zu Ödön von Horváths „Geschichten aus dem Wiener Wald", Frankfurt a. Main 1972, S. 10–43, dort S. 17

Die Konzeption des Unterrichtsmodells

Baustein 1 organisiert den Texterarbeitungsprozess. Die im Rahmen des Unterrichts stattfindende Erstbegegnung mit dem Drama führt die Schülerinnen und Schüler an die häusliche Lektüre heran. Die auf diesem Wege entstehenden subjektiven Leseerfahrungen bilden wiederum die Grundlage für die sich anschließende Reflexionsphase, die dem Austausch über das Gelesene dienen soll.

Im **Baustein 2** werden Intentionen und Konzepte des dramatischen Werks Ödön von Horváths in den Blick genommen. Zunächst sind die Zusammenhänge zwischen der Biografie Horváths und seinem dramatischen Schaffen zu analysieren. Im Weiteren wird die dramentheoretische Position des Autors dargestellt. Dazu wird seine Schrift „Gebrauchsanweisung" ausgewertet, in der er die von ihm angestrebte Wirkung des Theaters beschreibt sowie seine Definition des „Volksstücks" erläutert.

In **Baustein 3** wird auf der Grundlage systematischer Textarbeit die Hauptlinie der Handlungskonstruktion, nämlich der Verlauf der Tragödie um Marianne, herausgearbeitet und interpretiert. Darüber hinaus sollen Zusammenhänge und Verweisungen zwischen dem Schicksal der Hauptperson einerseits und der Ausgestaltung der übrigen weiblichen Figuren des Stücks andererseits aufgezeigt werden.

Baustein 4 beschäftigt sich mit typischen Vertretern der von Horváth zum Hauptgegenstand seines Theaterstücks gemachten Schicht des Kleinbürgertums. Dabei erfolgt die Figurencharakterisierung über den Weg einer differenzierten Analyse exemplarischer Eigenschaften sowie des typischen Sprachgebrauchs beziehungsweise Kommunikationsverhaltens.

Baustein 5 fragt nach der Struktur der „Geschichten aus dem Wiener Wald". Dabei werden Kennzeichen und Besonderheiten des Aufbaus beziehungsweise der szenischen Anordnung ebenso thematisiert wie die ebenfalls strukturrelevanten dramaturgischen Verfahrensweisen, die als besonders charakteristisch für die Arbeitsweise des Dramatikers Horváth anzusehen sind.

Baustein 6 setzt sich mit verschiedenen Rezeptionsaspekten auseinander. Zunächst werden die wesentlichen Abschnitte der Rezeption des Horváth-Stückes auf der Bühne dargestellt und es wird die von Peter Handke unternommene Prosa-Adaption des Textes einer kritischen Betrachtung unterzogen. Als Abrundung der gesamten Unterrichtssequenz erstellen die Schülerinnen und Schüler eine Rezension des Dramas aus ihrer persönlichen Sicht heraus.

Die thematischen Bausteine des Unterrichtsmodells

Hinführung zum Drama

Dieser Baustein dient dazu, den Leseprozess der Schülerinnern und Schüler zu organisieren. Das Ziel besteht zum einen darin, eine angemessene Textkenntnis sicherzustellen, auf deren Basis eine vertiefte Interpretation des Stückes im Unterricht erfolgen kann. Zum anderen soll ein persönliches Interesse der Leser am Text sowie an der Auseinandersetzung mit ihm geweckt werden. Diese Absichten legen ein dreistufiges Vorgehen nahe: Zunächst erfolgt eine Erstbegegnung mit dem Text, an die sich die häusliche Lektürephase anschließt. Die Erfahrungen aus diesen individuellen Leseprozessen werden dann gemeinsam im Unterricht reflektiert.

1.1 Erstbegegnung

Bevor die Klasse mit der häuslichen Lektüre des Dramas beginnt, erscheint eine kurze Erstbegegnung mit dem Buch als sehr sinnvoll. Diese soll zunächst einmal Neugier auf den Text hervorrufen. Gleichzeitig lassen sich im Rahmen eines solchen Vorgehens auch schon bestimmte thematische Schwerpunkte konkretisieren, die im späteren Unterrichtsverlauf von Bedeutung sind. Unter anderem bieten sich folgende Möglichkeiten an:

Auswertung der ersten Textseite

Die erste Textseite (S. 4 der Textausgabe) lässt sich in vier Informationselemente untergliedern:

a) Autor und Titel des Stücks
b) Thematisches Motto
c) Verzeichnis der mitwirkenden Figuren
   (Ergänzender Hinweis: Die Personen sind in der Reihenfolge ihres ersten Erscheinens angeordnet. Es ist sicherlich kein Zufall, dass sich der Name Mariannes, deren Schicksal die zentrale Handlungsebene des Stücks darstellt, genau in der Mitte befindet.)
d) Ort und Zeit der Handlung

Im Unterrichtsgespräch können diese vier Elemente der Reihe nach besprochen werden. Dadurch wird den Schülerinnen und Schülern eine erste Annäherung an grundlegende Tatsachen des Stücks ermöglicht.

Im Einzelnen lassen sich beispielsweise die folgenden Impulsfragen formulieren:

zu a) ■ *Ist Ihnen der Autor beziehungsweise eines seiner Werke bereits bekannt?*
■ *Auf welche Herkunftsregion deuten Vor- und Familienname hin?*
■ *Welche Assoziationen weckt der Titel des Stücks bei Ihnen?*

zu b) ■ *Wie verstehen Sie das dem Stück vorangestellte Motto?*
■ *Worin besteht das dramatische Potenzial dieser Aussage?*

zu c) ■ *Welche Namen fallen Ihnen bei der Durchsicht des Figurenregisters beson-*
ders auf, über welche Personen würden Sie gerne mehr erfahren?
■ *Welche gesellschaftlichen Gruppen lassen sich identifizieren?*

zu d) ■ *Wie dürfte sich die politische und wirtschaftliche Lage um 1930 in Öster-*
reich dargestellt haben? Rufen Sie sich Ihr Vorwissen über die vergleichbare
damalige Situation in der Weimarer Republik in Erinnerung.
■ *Wissen Sie etwas über die angegebenen Spielorte? Haben Sie die Region*
um Wien vielleicht einmal im Urlaub besucht?

Gemeinsame Lektüre der ersten Szene

Der ersten Szene des Stücks kann unter bestimmten Einschränkungen eine gewisse expositorische Funktion zugesprochen werden: Es findet zwar noch keinerlei explizite Andeutung der Tragödie um Marianne statt, aber es klingen bereits wichtige Themen und Motive des Stücks an.
Die Szene wird mit verteilten Rollen gelesen. Anschließend stellt die Lehrkraft folgende Leitaufgabe:

■ *Beschreiben Sie, welche Themen und Motive Sie in der ersten Szene des Stücks*
entdecken können.

Die Schülerinnen und Schüler tragen zunächst ihre Beobachtungen vor. Diese werden dann gemeinsam besprochen und in Form eines Tafelbilds zusammengestellt, das möglicherweise folgendermaßen aussehen kann:

Die Szene I, 1 als Vorausdeutung: Zentrale Themen und Motive

- Allgemeine Situation ist geprägt von „Krise und Wirbel" (S. 5).
- Alfred wird charakterisiert als unehrlicher und unzuverlässiger Frauenheld.
- Karriere- und Gewinnstreben erscheinen als wesentliches Handlungsmotiv (S. 6).
- Ökonomisches Denken dominiert auch bei der Partnerwahl („Eine reiche Partie ist nicht das Letzte", S. 7).
- Mutter und Großmutter sorgen sich in erster Linie um Wohlergehen Alfreds.
- Todesmotiv ist immer wieder präsent („Grab", S. 10, Beerdigung der Großmutter, S. 11).
- Als auffälliges dramatisches Mittel dient die „Stille" (mehrfach auf den S. 5–10).
- Kitsch dient als Gestaltungselement: Walzer von Johann Strauß und Motiv der „schönen blauen Donau" (S. 5).

➡ **Fazit:** Die Szene I, 1 stimmt auf wichtige Themen und Motive des Dramas ein.

1.2 Lektürephase

Als realistischen Zeitraum für die häusliche Lektüre kann man in der Regel eine Woche ansetzen. Erfahrungsgemäß lässt sich der Leseerfolg durch das Führen eines persönlichen Lesetagebuchs wesentlich verbessern. Die auf diese Weise entstandenen Aufzeichnungen stehen dann den Schülerinnen und Schülern auch in der Unterrichtsphase als Materialbasis zur Verfügung.

Im Lesetagebuch (siehe **Arbeitsblatt 1**, S. 27 ff.) soll der Inhalt jeder Szene in zwei bis fünf Sätzen zusammengefasst werden. Als kreative Zusatzaufgabe könnte jeder Abschnitt mit einer treffenden Überschrift versehen werden, die durchaus auch humorvollen, vielleicht sogar einen „reißerischen" Charakter tragen darf. Zudem soll vom Lesenden aus jeder Szene ein zentrales Zitat ausgewählt werden, das eine in seinen Augen besonders bezeichnende Aussage beziehungsweise treffende Feststellung enthält.

Die Verbesserung der Inhaltsangaben sowie die Vorstellung der Überschriften können in Form einer gemeinsamen Besprechung oder in Gruppenarbeit erfolgen. Als freiwillige Zusatzaufgabe könnten ein oder mehrere Schüler die von den Mitschülern ausgewählten Zitate überprüfen und für jede Szene das jeweils meistgewählte ermitteln.

1.3 Reflexion des Leseprozesses

Diese Unterrichtsphase stellt die Schnittstelle zwischen individuellem Leseprozess und der sich anschließenden gemeinsamen Behandlung des Textes im Unterricht dar. Im Mittelpunkt steht der offene Austausch über das Gelesene. Die Lehrkraft greift in der Regel nicht lenkend, sondern lediglich als Impulsgeber in die Abläufe ein. Auf diese Weise erhält sie qualifizierte Rückmeldungen über den bisherigen Leseerfolg sowie Hinweise auf die Themen und Aspekte des Dramas, die die Schülerinnen und Schüler besonders interessieren und beschäftigen. Unter anderem stehen folgende methodische Vorgehensweisen zur Verfügung, die sich beliebig miteinander kombinieren lassen:

Sammeln von Requisiten

Die Schülerinnen und Schüler erhalten den Auftrag, zwei der im Stück auftretenden Figuren auszuwählen und je ein Requisit aus ihrem häuslichen Umfeld zu sammeln, das die jeweilige Person möglichst treffend charakterisiert. Die einzelnen Objekte, die selbstverständlich auch selbst gebastelt sein können, wirken besonders originell, wenn sie sich auf eine metaphorische Sinnebene beziehen. Im Unterricht werden die Fundstücke zu jeder Person gesammelt, der Klasse kurz vorgestellt und auf dem Lehrerpult gesammelt, sodass sich eine Skulptur ergibt. Anschließend betrachten die Schülerinnen und Schüler das entstandene Objekt und verfassen einen charakterisierenden Text, der mit den Worten beginnen könnte:
„Ich sehe einen Menschen, der …"

Auf diesem Weg erhalten die Schüler eine erste und vorläufige Charakterisierung zentraler Figuren und der Lehrer erfährt etwas darüber, über welchen Zugang die Schüler zum Text und seinen Figuren verfügen.

Aus der Unterrichtspraxis seien folgende Beispiele genannt:

- Marianne: Großes Stoffherz
- Alfred: Wettschein
- Valerie: Einladungskarte zur „Ü50-Party"
- Oskar: aus einem Karton gebasteltes Fleischermesser mit Namensgravur „Marianne"

- Rittmeister: Schild mit der Aufschrift „Wenn ich groß bin, werde ich einmal Major …"
- usw. …

Feedbackformular

Durch das Ausfüllen des Feedback-Formulars (**Arbeitsblatt 2**, S. 30) bietet sich den Schülerinnen und Schülern die Möglichkeit, über ihre Leseeindrücke nachzudenken und diese zu artikulieren.

Das Formular wird in Stillarbeit ausgefüllt. Anschließend stellt jeder Schüler seine Einschätzungen und Feststellungen den Mitschülern vor. Eine Kommentierung vonseiten des Plenums erfolgt nicht. Stattdessen werden die Arbeitsblätter im Klassenzimmer ausgehängt.

Am Ende der gesamten Unterrichtssequenz können sie erneut herangezogen werden, um festzustellen, ob und inwiefern sich die Beurteilung des Stücks durch die Schülerinnen und Schüler verändert hat.

Auswertung von Szenenbildern

Die Lehrkraft präsentiert auf dem Overheadprojektor Momentaufnahmen aus verschiedenen Inszenierungen der „Geschichten aus dem Wiener Wald". Berücksichtigt sind auch zwei Aufnahmen aus der Verfilmung 1979 unter der Regie von Maximilian Schell. Die Aufgabe besteht darin, die Bilder möglichst genau einer bestimmten Szene im Text zuzuordnen. Diese Methode dient nicht nur der Wiederholung des Textinhalts, sondern verschafft den Schülerinnen und Schülern auch einen ersten Eindruck von der Vielfalt an Realisierungsmöglichkeiten des Stücks auf der Bühne.

Der entsprechende Arbeitsauftrag lautet:

■ *Beschreiben Sie den Bildinhalt und ordnen Sie diesen einer bestimmten Textstelle im Drama zu.*

Auf dem **Arbeitsblatt 3**, S. 31 ff., sind folgende Szenenbilder enthalten:

Arbeitsblatt 3a)
Inszenierung: Theater Magdeburg, 2002
Dargestellte Szene: Erster Teil, III. Der Zauberkönig gibt die Verlobung zwischen seiner Tochter Marianne und Oskar bekannt.

Arbeitsblatt 3b)
Szenenbild aus der Verfilmung „Geschichten aus dem Wiener Wald" von Maximilian Schell, A/BRD 1979
Dargestellte Szene: Zweiter Teil, III. Alfred und Ferdinand im vertraulichen Gespräch, mit Blick auf Marianne.

Arbeitsblatt 3c)
Inszenierung: Schauspiel Frankfurt 1991
Dargestellte Szene: Dritter Teil, I. Valerie erleidet einen Zusammenbruch, als sie Marianne auf der Bühne des „Maxim" entdeckt.

Arbeitsblatt 3d)
Verfilmung: Regie: Maximilian Schell, 1979.
Dargestellte Szene: Dritter Teil, I. Der Mister, der Zauberkönig, Valerie sowie der Rittmeister in ausgelassener Stimmung beim Heurigen.

Lektüretest

Der Einsatz des Lektüretests (**Arbeitsblatt 4**, S. 35) bietet sich vor allem in leistungsschwächeren Klassen an, in denen der Leseerfolg nicht von vornherein sichergestellt ist. Das Testverfahren, das sich vor allem auf die Faktenebene des Dramentexts konzentriert, ermöglicht die Wiederholung wichtiger inhaltlicher Zusammenhänge und gibt der Lehrkraft Hinweise auf eventuelle Lücken in der Textkenntnis.

Fortführen angefangener Gedanken

Der Klasse werden unvollständige Sätze vorgelegt, die in sinnvoller Weise zu komplettieren sind. Solche „Impulssätze" geben den Schülerinnen und Schülern Gelegenheit zur Formulierung eigener Standpunkte. Erfahrungsgemäß bietet die Durchführung dieser Übung zahlreiche fruchtbare Gesprächsanlässe. Das **Arbeitsblatt 5**, S. 36 enthält entsprechende Vorschläge für die Gestaltung unvollständiger Sätze.
Der Arbeitsauftrag lautet:

■ *Vervollständigen Sie die folgenden Sätze so, dass diese Ihre persönlichen Ansichten widerspiegeln.*

Sympathie-Skala und Charakterisierungen

Die Möglichkeit einer emotionalen Identifikation mit den vom Autor erdachten Figuren stellt eine zentrale Wirkungsdimension von Literatur dar. Mithilfe des **Arbeitsblattes 6**, S. 37 können die Schülerinnen und Schüler ihre während des Leseprozesses entstandenen subjektiven Sympathieeinschätzungen reflektieren und im Rahmen einer gemeinsamen Ergebnisrunde miteinander vergleichen.
Als weiterführende Vertiefung bietet es sich an, mittels einer kurzen Charakterisierung der Dramenfiguren mögliche Erklärungen für die Resultate der Sympathiezuordnungen zu finden. Auf diese Weise werden zugleich Vorarbeiten für die im weiteren Verlauf der Sequenz durchzuführenden Personenanalysen geleistet. Dazu wird das **Arbeitsblatt 7**, S. 38 in Partner- oder Gruppenarbeit ausgefüllt. Die Ergebnisse werden auf Zusammenhänge mit den in der Sympathie-Skala festgelegten Werten überprüft. Nach erfolgter Auswertung findet eine kurze Besprechung im Plenum statt.

Parodie auf das Wien-Klischee

Das gesamte Theaterstück hindurch inszeniert Horváth immer wieder gängige Wien-Klischees, mit denen man eine idyllische, harmonische Grundstimmung sowie das Bild einer heilen Welt assoziiert, um diese Wirkungen dann durch den Handlungsverlauf zu konterkarieren. Die Sensibilisierung der Schülerinnen und Schüler für diese Art von Ironie stellt einen ersten Schritt zum Verständnis von Horváths wichtigster literarischer Intention dar: der Aufdeckung und Verdeutlichung gesellschaftlicher Missstände.
Zur Behandlung des Themas im Unterricht wird ein Sachtext (**Arbeitsblatt 8**, S. 39) herangezogen, der einen Überblick über die üblichen mit Wien in Verbindung gebrachten Klischees und Stereotypen bietet.

■ *Finden Sie für möglichst viele der im Text genannten Wien-Klischees Entsprechungen in den „Geschichten aus dem Wiener Wald" und überlegen Sie, in welchem Sinne der Autor diese Klischees einsetzt.*

Unter anderem sind folgende Lösungsvorschläge denkbar:

- Neigung der Wiener zum „aggressiv vorgetragene[n] Selbstmitleid" → man vergleiche die egoistischen Äußerungen des Zauberkönigs gegenüber Marianne auf S. 81, Z. 12–16

- Begabung, kritische Situationen durch charmantes, „elegantes Herauswinden" zu entschärfen → Paradebeispiel hierfür ist Alfred, der immer wieder mithilfe seiner Beredsamkeit versucht, sein Gegenüber um den Finger zu wickeln, siehe unter anderem das Gespräch mit Valerie, S. 9, Z. 6 – S. 11, Z. 10

- „Titelwut": Titulierung Alfreds mit dem Adelstitel (z. B. S. 23, Z. 26), Auftreten der „Baronin" im Zweiten Teil, Szene IV

- Schicksalsergebenheit der Wiener: siehe zum Beispiel die Formulierungen auf S. 13 in den Z. 22–23 und Z. 24

- Nähe zum Tod: z. B. der Gedanke Valeries an das Grab ihres Mannes, S. 10, Z. 21

- Heurigenseligkeit: vergleiche den Handlungsort zu Beginn der ersten Szene, dritter Teil

- Kaffeehausgemütlichkeit: siehe den Handlungsort der dritten Szene, zweiter Teil

- Stadt der Oper und der Operette: vergleiche zum Beispiel die häufige musikalische Präsenz des Operettenkomponisten Johann Strauß (Sohn), z. B. auf S. 5, Z. 5–7

➡ Die mit den einzelnen Klischees verbundene tragische Handlung des Stücks macht deutlich, dass Horváths Wien-Bilder ironisch zu verstehen sind.

Notizen

_____

_____

_____

_____

_____

_____

_____

_____

_____

_____

_____

_____

_____

Lesetagebuch zu „Geschichten aus dem Wiener Wald"

Szene	Vorschlag für eine Überschrift	Zusammenfassung des Inhalts	Zentrales Zitat (mit Zeilenangabe)
1. Teil, I			
1. Teil, II			
1. Teil, III			
1. Teil, IV			
2. Teil, I			

AB **1**

BS **1**

Szene	Vorschlag für eine Überschrift	Zusammenfassung des Inhalts	Zentrales Zitat (mit Zeilenangabe)
2. Teil, II			
2. Teil, III			
2. Teil, IV			
2. Teil, V.			
2. Teil, VI			

Szene	Vorschlag für eine Überschrift	Zusammenfassung des Inhalts	Zentrales Zitat (mit Zeilenangabe)
2. Teil, VII			
3. Teil, I			
3. Teil, II			
3. Teil, III			
3. Teil, IV			

Feedback-Formular zur Lektüre

Die Lektüre des Dramentexts empfand ich als:

_____

_____

_____

Besonders gefallen hat mir dabei:

_____

_____

_____

Negativ ist mir aufgefallen:

_____

_____

_____

Am meisten beschäftigt hat mich:

_____

_____

_____

Unklar blieb für mich:

_____

_____

_____

Im Unterricht sollte unbedingt eingegangen werden auf:

_____

_____

_____

Auswertung von Szenenbildern

Theater Magdeburg, 2002

Szene aus dem Film „Geschichten aus dem Wiener Wald" von Maximilian Schell, 1979

Inszenierung Schauspiel Frankfurt 1991

Szene aus dem Film „Geschichten aus dem Wiener Wald" von Maximilian Schell, A/BRD 1979

Lektüretest

1. Womit verdient Alfred sein Geld?

_____

2. Warum kommt es zur Entzweiung zwischen Alfred und Valerie?

_____

3. Welcher Entschluss Mariannes führt zum Bruch mit ihrem Vater?

_____

4. Welchen Namen trägt Mariannes Vater im Stück, woher stammt der Name?

_____

5. Welche politische Einstellung zeigt der Student Erich?

_____

6. Welchen Gefallen bietet Ferdinand seinem Freund Alfred beim Billardspiel an?

_____

7. Aus welchem Grund erleidet Valerie im „Maxim" einen Nervenzusammenbruch?

_____

8. Was ist der Auslöser für den ersten Schlaganfall bei Mariannes Vater?

_____

9. Wie kommt es zum Tod des kleinen Leopold?

_____

10. Welche Haltung zu einer Ehe mit Oskar nimmt Marianne am Ende des Stücks ein?

_____

Fortführen angefangener Gedanken

■ *Vervollständigen Sie die folgenden Sätze so, dass diese Ihre persönlichen Ansichten wider-spiegeln.*

Bei Wien denke ich an …

Bei Alfred handelt es sich vor allem um einen …

Alfred lässt sich innerlich nicht auf die Beziehung zu Marianne ein, weil …

Marianne ist eine Heldin, weil …

Marianne ist keine Heldin, weil …

Die Figuren im Stück wirken auf mich wie …

Bezeichnend für den Umgang der Personen miteinander ist …

Die wichtigste Einsicht des Stückes besteht für mich darin, …

Das Drama „Geschichten aus dem Wiener Wald" ist für Menschen geschrieben, die …

Sympathie-Skala

Name: _____

■ *Legen Sie durch Ankreuzen auf der Sympathie-Skala fest, ob Ihnen die aufgeführten Personen eher sympathisch oder eher unsympathisch sind.*

← eher unsympathisch   neutral   eher sympathisch →

Marianne:

| −3 | −2 | −1 | 0 | 1 | 2 | 3 |

Alfred:

| −3 | −2 | −1 | 0 | 1 | 2 | 3 |

Valerie:

| −3 | −2 | −1 | 0 | 1 | 2 | 3 |

Zauberkönig:

| −3 | −2 | −1 | 0 | 1 | 2 | 3 |

Oskar:

| −3 | −2 | −1 | 0 | 1 | 2 | 3 |

Großmutter:

| −3 | −2 | −1 | 0 | 1 | 2 | 3 |

Kurzcharakterisierungen

■ *Beschreiben Sie den Charakter von jeder der im Folgenden aufgeführten Figuren mit möglichst treffenden Adjektiven.*

Marianne:

_____

_____

Alfred:

_____

_____

Valerie:

_____

_____

Zauberkönig:

_____

_____

Oskar:

_____

_____

Großmutter:

_____

_____

Das Wien-Klischee

Arthur Schnitzler[1] bemerkte um 1900, dass die Wiener mit den Redewendungen „Es zahlt sich ja net aus!", „Tun's Ihnen nix an" und „Wie komm denn i dazu?" am besten zu charakterisieren seien. Das raunzige, oft aggressiv vorgetragene Selbstmitleid und das elegante Herauswinden aus problematischen Situationen verbindet sich mit einem spezifischen Charme, der sich auch heute noch eines begrifflichen Repertoires bedient, das Autorität und hohen gesellschaftlichen Rang besonders herausstellen möchte. Der Erfindungsreichtum, mit dem in Wien von Hotelportiers oder Kellnern Titel vergeben werden, ist erstaunlich, und mancher Wien-Besucher fand sich unversehens zum „Herrn Baron" geadelt oder zum „Herrn Direktor" erhoben. „Glücklich ist, wer vergisst, was doch nicht zu ändern ist!" erklingt als „Fledermaus"-Melodie aus dem Hintergrund dazu.
Die besondere Affinität der Wiener zum Tod ist eine weitere Facette der Wiener Mentalität. Es ist nicht verwunderlich, dass ausgerechnet in Wien ein Bestattungsmuseum existiert.

Die Vermischung slawischer, österreichisch-deutscher und italienischer Einflüsse hat zusammen mit vielen anderen Faktoren eine Stadt der Brüchigkeiten und Dualismen entstehen lassen, der das überzuckerte Wien-Klischee der Fremdenverkehrswerbung so gar nicht entsprechen kann und will. „Küss-die-Hand"-Schmäh, Heurigenseligkeit, Kaffeehausgemütlichkeit, Pratergrün und Oper(ette)n-„Gold-und-Silber" – nach dem Motto „Wien bleibt Wien" – sind wahrhaftig nicht alles, was Wien dem Besucher zu bieten hat.

Nach Rüdiger Utikal: Zur Einführung. In: Wien. Europäische Metropole im Wandel. Heft 39/1999. Hrsg. von der Landeszentrale für politische Bildung, Dr. Walter-Siegfried Kircher © 1999 LpB Baden-Württemberg, S. 3 und 4

[1] Arthur Schnitzler (1862–1931): berühmter Wiener Schriftsteller

■ *Finden Sie für möglichst viele der im Text genannten Wien-Klischees Entsprechungen in den „Geschichten aus dem Wiener Wald" und überlegen Sie, in welchem Sinne der Autor diese Klischees einsetzt.*

Wilhelm Gause: Der Kaiser Franz-Josef nimmt 1900 an einem Ball in Wien teil

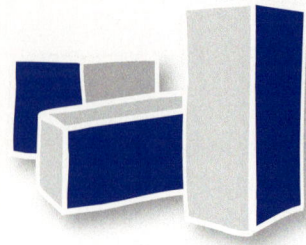

Horváth als Dramatiker

Im Falle Ödön von Horváths sind Biografie und Werk besonders eng miteinander verbunden. Folgerichtig verspricht die Beschäftigung mit diesen Aspekten im Unterricht einen vertieften Zugang zum Verständnis der „Geschichten aus dem Wiener Wald". Im folgenden Baustein wird deshalb zunächst der Frage nachgegangen, welche konkreten Zusammenhänge zwischen dem Leben Horváths sowie den ihn prägenden Zeitumständen einerseits und seinem literarischen Schaffen andererseits erkennbar sind. Anschließend steht die dramentheoretische Position des Autors im Mittelpunkt der Überlegungen. Eine entsprechende Auswertung der von Horváth verfassten „Gebrauchsanweisung" erlaubt dabei grundlegende Erkenntnisse über die in seinen Stücken intendierten Wirkabsichten. Eine herausgehobene Position kommt in diesem Kontext außerdem dem Begriff des „Volksstücks" zu, als dessen Erneuerer Horváth angesehen wird und dessen terminologische Implikationen ebenfalls zu berücksichtigen sind.

2.1 Leben und Werk

2.1.1 Problematisierung

Eine erste Annäherung an die Lebensumstände Ödön von Horváths kann von seinem tragischen Ende im Juni 1938 her erfolgen, als der Schriftsteller mitten in Paris von einem Baum erschlagen wurde. Der Horváth-Experte Traugott Krischke hat hierzu im Jahre 1956 einen Augenzeugen befragt:

„Er kann sich erinnern. Er weiß auch die Zeit. Gegen 19.30 Uhr, n'est-ce pas? Er stand gerade im Foyer des Theaters, als er den Schrei hörte. Der Mann, der am Fuße der Kastanie lag, schien bewusstlos. Als Sanitäter sich um ihn bemühten, sah man, dass sein Hinterhaupt zerschlagen war. Monsieur Maurice ist sehr lebhaft. Er spielt mir genau vor, was er an jenem Sommerabend beobachtet hatte. Er hatte den großen, starken Mann schon vorher bemerkt, wie er, in Gedanken versunken, langsam über die Straße gekommen war und bei einem plötzlichen Sturmstoß, wohl durch das Krachen des Geästs, unter eben jener Kastanie, die ihn dann tötete, Schutz gesucht hatte. Die Kastanie ist nicht mehr da. Auch die Ulme nicht, deren Krone gebrochen und auf die Kastanie gefallen war. Man hat die alten Bäume gefällt und neue gepflanzt."

Aus: Traugott Krischke: Recherchen, in: ders.: Materialien zu Ödön von Horváth. Frankfurt a. Main 1970, S. 7–17, dort S. 8

Der unter dem Eindruck des plötzlichen Unfalltodes von Horváth verfasste Nachruf von Klaus Mann, dessen erster Teil auf dem **Arbeitsblatt 9**, S. 47, wiedergegeben ist, bietet unter anderem die folgenden zwei Gesprächsanlässe:

 ■ *Worauf spielt Klaus Mann an, wenn er von einem „gefahrenschwangeren Sommer" spricht?*

Die Beantwortung dieser Frage wird durch den Rückgriff auf historisches Vorwissen der Schülerinnen und Schüler ermöglicht: Ein Vierteljahr vor dem Tode Horváths war der „Anschluss" Österreichs an Nazi-Deutschland vollzogen worden. Zudem stellte die von Hitler betriebene massive Aufrüstung der deutschen Wehrmacht ein untrügliches Vorzeichen für kommende militärische Operationen in Europa dar.

■ *Welches politisch bedingte Motiv dürfte dem Aufenthalt Horváths im Paris des Jahres 1938 zugrunde liegen?*

Zwei Ereignisse im März 1938 überzeugten Horváth von der Notwendigkeit, Wien zu verlassen und ins politische Exil zu gehen: Die Angliederung seiner Heimat an das Deutsche Reich sowie die Aufnahme seiner NS-kritischen Erzählung „Jugend ohne Gott" in die „Liste des schädlichen und unerwünschten Schrifttums". Nach kurzen Aufenthalten in mehreren europäischen Städten hielt er sich seit Ende Mai 1938 in Paris auf. Von dort wollte er in die USA weiterreisen. Sein Status als „Exilant" wurde bei seiner Beisetzung am 7. Juni auf dem Friedhof St. Ouen/Paris deutlich: An der Bestattung nahmen zahlreiche andere vor Hitler geflüchtete Schriftsteller teil, die zu dieser Zeit in Frankreich lebten.

2.1.2 Biografie und Zeitumstände

Die nähere Beschäftigung mit dem Leben Horváths dient primär dem Ziel, die biografischen Voraussetzungen seines literarischen Schaffens zu klären. Dem in der Textausgabe aufgeführten Sachtext (Ödön von Horváth: Leben und Werk", S. 103 – 107) sind hierzu folgende Feststellungen zu entnehmen:

● Horváths Abstammung sowie die seine Jugendjahre prägende geografische Mobilität spiegeln die ethnische Vielfalt der österreichisch-ungarischen Monarchie wider.
● Das frühe Erleben einer sprachlich heterogenen Umwelt schärft und sensibilisiert sein Gefühl für die Sprache sowie für menschliche Kommunikation. Dieses Sprachbewusstsein nutzt er für die Gestaltung seiner dramatischen Figuren.
● Den Untergang des Habsburgerreichs erlebt er als historischen Wendepunkt, aber nicht als persönliches Unglück. Er und viele seiner Altersgenossen legen in dieser Hinsicht ein „zynisch-sachliches Lebensgefühl" (S. 104) an den Tag.
● Das Wien, das der junge Horváth kennenlernt, findet in der Schauplatzgestaltung des Dramas „Geschichten aus dem Wiener Wald" seinen Niederschlag. Die Studentenzeit in München nutzt Horváth zum Studium der Literaturgeschichte. In Berlin wird er zum freien Schriftsteller, der sich, angeregt von der Dynamik dieser Großstadt, das Ziel setzt, gesellschaftliche Veränderungen zu bewirken.
● Die Werke Horváths werden vonseiten der kunstinteressierten Öffentlichkeit überwiegend wohlwollend aufgenommen. 1931 erhält der Autor sogar den angesehenen Kleist-Preis, der ihm vom bedeutenden Autor Carl Zuckmayer zugedacht wird. Allerdings wird er aufgrund seiner deutlichen Kritik an rechtsradikalen Umtrieben auch zur Zielscheibe einer aggressiven Pressehetze.
● Horváth erweist sich als engagierter und scharfsinniger Kritiker am Nationalsozialismus. Die vorübergehende Mitgliedschaft im NS-„Reichsverband deutscher Schriftsteller" ist als ein den Verhältnissen geschuldeter Fehltritt zu bewerten.

Zur Auswertung des Textes erhalten die Schülerinnen und Schüler das **Arbeitsblatt 10**, S. 48, das in Einzel- oder Partnerarbeit auszufüllen ist und entsprechend der oben dargestellten Inhaltszusammenfassung verbessert werden kann. Zu Frage 3 empfiehlt es sich, die im Text genannten Örtlichkeiten zusätzlich auf einer Karte des Habsburgerreichs zu zeigen (**Arbeitsblatt 11**, S. 49), um auch einen geografischen Eindruck von der damaligen Größe des Habsburgerreichs zu vermitteln. Ergänzend kann überlegt werden, zu welchen Nationalstaaten diese Städte heute gehören. Dadurch lässt sich die ethnische und kulturelle Vielgestaltigkeit des Vielvölkerstaats zusätzlich veranschaulichen.

■ *Zeichnen Sie anhand der Ihnen vorliegenden Karte die Lebensstationen Horváths nach und überlegen Sie, zu welchen Nationalstaaten die jeweiligen Städte heute gehören.*

Neben den allgemeinen biografischen Fakten zu Horváth ist für ein angemessenes Verständnis der „Geschichten aus dem Wiener Wald" auch die konkrete zeitgeschichtliche Situation in Österreich um 1930 mit einzubeziehen. Die damalige Lage ist geprägt von einer allgemeinen politischen und wirtschaftlichen Krise, als deren Folge es vor allem in der schwer gebeutelten bürgerlichen Mittelschicht zu materieller Not sowie zu Existenzängsten kommt. Diese reagiert darauf mit einer politischen Radikalisierung im Sinne der rechtsradikalen Demagogie.

Der Text „‚Krise und Wirbel': Die historische Situation in Österreich" (S. 109–110 der Textausgabe) informiert über diese Zusammenhänge. Eine Auswertung kann im Plenum oder auch in Stillarbeit erfolgen. Der Arbeitsauftrag könnte lauten:

■ *Lesen Sie aufmerksam den Text „‚Krise und Wirbel': Die historische Situation in Österreich" und erklären Sie mit eigenen Worten, welcher Zusammenhang zwischen der historischen Situation im Österreich um 1930 und dem Aufstieg des Nationalsozialismus in diesem Land zu konstatieren ist.*

2.2 Horváths „Gebrauchsanweisung"

Bei der 1932, also ein Jahr nach der Uraufführung der „Geschichten aus dem Wiener Wald", erschienenen „Gebrauchsanweisung" handelt es sich um eine poetologische Schrift, in der Horváth seine Grundhaltung zum Theaterschaffen beschreibt. Eine solche Klarstellung hält er für notwendig, da er feststellen zu müssen glaubt, dass seine Werke bis zu diesem Zeitpunkt weder von Theaterverantwortlichen noch vom Publikum verstanden worden seien (vgl. Ödön von Horvath: Gebrauchsanweisung, in: Traugott Krischke (Hrsg.): Materialien zu Ödön von Horváth, Frankfurt a. Main 1970, S. 51–57, dort S. 51). Vor diesem Hintergrund skizziert Horváth in seinem Text unter anderem seine Grundgedanken über die Wirkung eines Stücks auf die Zuschauer sowie über das Genre des „Volksstücks". Im Unterricht bietet sich die Behandlung beider Aspekte an, da sie unverzichtbare Zugänge zum Verständnis des Werks von Horváth eröffnen.

2.2.1 Die „Demaskierung des Bewusstseins"

„Das dramatische Grundmotiv aller meiner Stücke ist der ewige Kampf zwischen Bewusstsein und Unterbewusstsein." Diese Feststellung Horváths, seiner „Gebrauchsanweisung" als Motto vorangestellt, ist unverkennbar von der Psychoanalyse Sigmund Freuds (1856–1939) beeinflusst, derzufolge die menschliche Psyche nicht nur aus dem „Ich", also der Bewusstseinsebene, besteht, sondern zugleich aus dem „Es", den unterbewussten Trieben und Instinkten, und dem „Über-Ich", das die Autorität der gesellschaftlichen Normen repräsentiert. Ebenso wie Freud erkennt also auch Horváth die Wirkmächtigkeit unterbewusster Seelenbereiche für die menschliche Natur an. Seine dramatische Intention besteht somit primär in der „Demaskierung des Bewusstseins", also in der Aufdeckung des bestimmenden Einflusses des Unterbewussten. Erreicht wird dies durch die „Synthese zwischen Ironie und Realismus" (Z. 14).

In diesem Sinne beschreibt Horváth die pädagogische Absicht seines Theaters jenseits einer reinen „Triebabfuhr" im Sinn der antiken Katharsis-Lehre. Den Unterschied zwischen diesen beiden Wirkweisen erläutert er folgendermaßen: Üblicherweise dient die Theaterhandlung, die der Zuschauer miterlebt, als Ventil für unterdrückte Gefühlsregungen. Dabei handelt es sich der Überzeugung Horváths nach vorrangig um „asoziale" (Z. 78), also zivilisatorisch nicht geduldete Triebe. Durch das Miterleben einer asozialen Tat auf der Bühne, beispielsweise eines Mordes, werden diese Bedürfnisse ausgelebt und damit ventiliert. Horváth dagegen will das Publikum offen mit diesen Gefühlen konfrontieren und zu einer Auseinandersetzung zwingen: Die Zuschauer „werden auf die Schandtaten gestoßen – sie fallen ihnen auf und erleben sie nicht mit." (Z. 112f.)

Die Kenntnis dieser kunsttheoretischen Ausführungen erleichtert es den Schülerinnen und Schülern im Verlauf der weiteren Sequenz, die in den „Geschichten aus dem Wiener Wald" unternommene „Demaskierung" der kleinbürgerlichen Mentalität als Umsetzung des ästhetischen Konzepts und als Manifestation des gesellschaftsreformerischen Anspruchs Horváths zu begreifen.

Im Unterricht sollte die Lehrkraft der Lerngruppe zunächst das eingangs vorgestellte Motto der „Gebrauchsanweisung" („Das dramatische Grundmotiv aller meiner Stücke ist der ewige Kampf zwischen Bewusstsein und Unterbewusstsein") in Form eines Tafelanschriebs präsentieren und dazu auffordern, den vermuteten Sinn des Zitats versuchsweise mit eigenen Worten zu erläutern. Anschließend werden die Ausführungen Horváths zu den Intentionen seines dramatischen Schaffens in Form einer Textarbeit ausgewertet (**Arbeitsblatt 12**, S. 50f.). Der Auftrag an die Arbeitsgruppen lautet:

■ *Machen Sie sich die von Horváth beschriebene Wirkabsicht seines Dramas sowie seine Abgrenzung zu anderen Theaterkonzepten klar und entwerfen Sie zu Ihren Ergebnissen ein knappes, aber aussagekräftiges Tafelbild.*

Die Ergebnisse könnten beispielsweise folgendermaßen dargestellt werden:

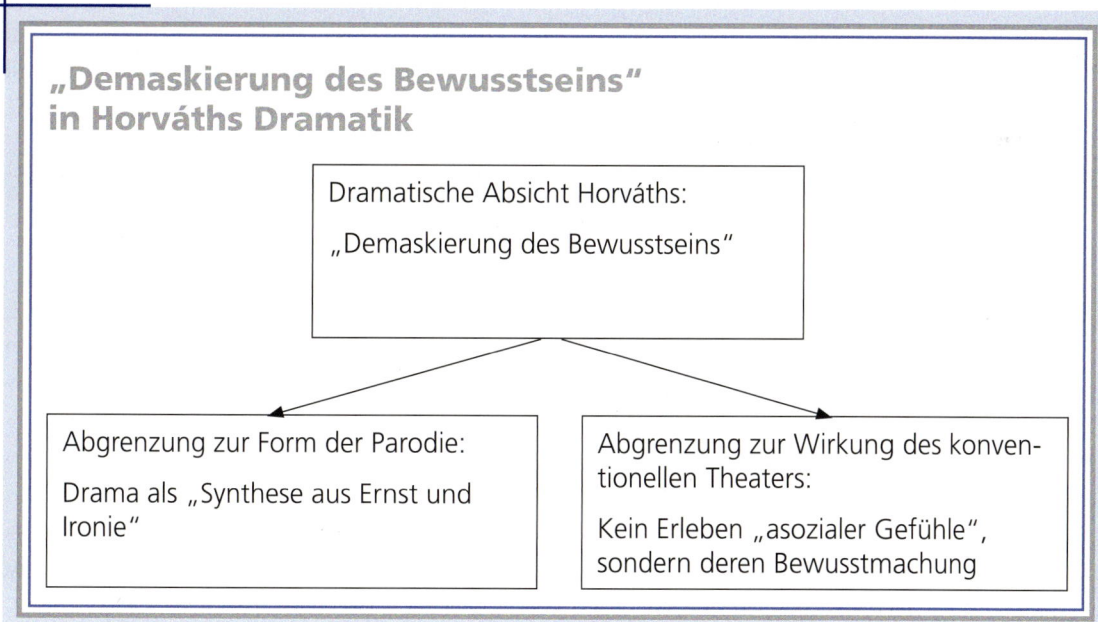

> **„Demaskierung des Bewusstseins" in Horváths Dramatik**
>
> Dramatische Absicht Horváths:
> „Demaskierung des Bewusstseins"
>
> Abgrenzung zur Form der Parodie:
> Drama als „Synthese aus Ernst und Ironie"
>
> Abgrenzung zur Wirkung des konventionellen Theaters:
> Kein Erleben „asozialer Gefühle", sondern deren Bewusstmachung

Die von den Gruppen ausgearbeiteten Vorschläge werden auf Overheadfolien fixiert und anschließend vom Gruppensprecher dem Plenum vorgestellt. Nach der gemeinsamen Besprechung wird das gelungenste Tafelbild per Abstimmung ermittelt und für die ganze Klasse übernommen.

Fakultativ kann die Wirkungstheorie Horváths mit der ästhetischen Konzeption des Theaters der Aufklärungszeit kontrastiert werden. In einem an Friedrich Nicolai gerichteten Brief vom 13.11.1756 (**Zusatzmaterial 1**, S. 107) betont der Verfasser der „Hamburgischen Dramaturgie" als wichtigste Absicht des Dramas die Erregung von Leidenschaften (Z. 13f.). Besonders die Fähigkeit zum Mitleiden wird als zentrale Voraussetzung für die moralische Besserung des einzelnen Menschen angesehen. In diesem Sinne dient auch die Komödie zur Sichtbarmachung und damit zur Vermeidung des „Lächerlichen" (Z. 40 f.). Es zeigt sich also, dass sowohl Lessing als auch Horváth ein pädagogisches Ziel verfolgen, das sich jedoch in der ästhetischen Wirkung stark unterscheidet.

■ *Vergleichen Sie die in dem Text dargelegte dramatische Wirkungstheorie Lessings mit der Theaterästhetik Horváths.*

2.2.2 Die Erneuerung des Volksstücks

Horváth bezeichnet seine „Geschichten aus dem Wiener Wald" als Volksstück und verbindet damit den Anspruch auf eine Weiterentwicklung des Genres. Das klassische Volksstück, entstanden etwa im 18. Jahrhundert und in der Regel getragen von privat finanzierten Bühnen, handelt von den Schicksalen der einfachen Bürger und grenzt sich dadurch von den höfischen Ständedramen des Barock ebenso ab wie vom bürgerlichen Trauerspiel. Als Sprachrohr des einfachen Volks dienen viele Volksstücke zur Artikulation einer sozialen Anklage. Zu seinen Kennzeichen gehören der Dialekt als Bühnensprache sowie die Integration von Musik- und Tanzelementen. Eine besondere Form des Volksstücks entwickelt sich in Wien, wo sich aus der traditionellen Form des Hanswurststücks das sogenannte „Altwiener Volkstheater" emanzipiert. In den Vorstadttheatern feiern vor allem die Stücke von Johann Nepomuk Nestroy (1801–1862) große Erfolge. Er nutzt das Genre zur satirischen Offenlegung und Anprangerung gesellschaftlicher Missstände. Als wichtigstes dramaturgisches Enthüllungsmittel dient ihm dabei ein ausgefeilter Wort- und Sprachwitz.

Dieses Volksstück Wiener Prägung bildet den eigentlichen Ausgangspunkt der Gattungsreflexionen Horváths. In seiner „Gebrauchsanweisung" spricht er von einer „Fortsetzung, Erneuerung des alten Volksstücks" (Z. 14 f.), worunter er Stücke versteht, die Sorgen und Probleme des einfachen Volkes auf bodenständige Art spiegeln. Die Weiterentwicklung soll in ein „wahrhaftiges Volkstheater" (Z. 23) münden, das, in deutlicher Distanz zu Brechts „epischem Theater", „an die Instinkte und nicht an den Intellekt des Volkes appelliert" (Z. 23 ff.).

Die mit der Modernisierung des Volksstücks durch Horváth verbundenen Neuerungen beziehen sich in erster Linie auf folgende Aspekte:

● Thema und Zielgruppe ist nicht mehr das einfache Volk im Sinne des 18./19. Jahrhunderts, sondern das Kleinbürgertum (Z. 37), dessen Selbstbild und Wertehaushalt durch den Zusammenbruch der „alten Ordnung" im Jahr 1918 und durch die materiellen Gefährdungen infolge der Wirtschaftskrise fragil geworden ist.

● Die Bühnenfiguren sprechen keinen Dialekt mehr, sondern einen den höhergestellten gesellschaftlichen Schichten abgeschauten „Bildungsjargon" (Z. 39). Statt der in Denken und Sprache naiv-unverfälschten Vertreter des einfachen Volkes agieren nun die hinsichtlich ihrer sozialen Verortung verunsicherten Kleinbürger, die auf Aufstieg hoffen, aber gleichzeitig den Abstieg fürchten müssen. Der Gebrauch des Dialekts ist in Horváth-Stücken untersagt. (Z. 60 ff.)

● In Abgrenzung zum realistischen beziehungsweise naturalistischen Ansatz schreibt Horváth die Stilisierung seiner Stücke vor, da er keine „Milljöhbilder" (Z. 83) erschaffen will, mit denen der „Kampf des Bewusstseins gegen das Unterbewusste" (Z. 84 f.) nicht gezeigt werden könne. Ein von Horváth besonders betontes Mittel zur Stilisierung besteht beispielsweise in der Regieanweisung „Stille". Während dieser Dialogpausen findet das Ringen zwischen Bewusstsein und Unterbewusstem statt (Z. 84 f.). Zudem zielt die Stilisierung darauf ab, das Exemplarische, Überindividuelle der jeweiligen Einzelfigur zu betonen (Z. 97 ff.).

Im Unterricht kann vor der Analyse der Horváthschen Darlegungen zunächst einmal eine allgemeine Klärung des Gattungsbegriffs „Volksstück" erfolgen. Hierzu bietet sich eine Internetrecherche an. **Arbeitsblatt 13**, S. 52 enthält einen Vorschlag für ein entsprechendes Rechercheformular. Alternativ lässt sich dieser Arbeitsschritt auch durch ein Schülerreferat abdecken. Ebenso geeignet für ein Referat ist eine Gegenüberstellung der beiden Dramatiker Nestroy und Horváth. (Themenstellungen am Ende des Bausteins)

Die Auseinandersetzung mit dem Konzept Horváths erfolgt durch eine Textanalyse. Die Schülerinnen und Schüler erhalten die einschlägigen Passagen in Form eines Arbeitsblatts (**Arbeitsblatt 14**, S. 53 f.). Die Erschließungsaufgabe sollte dem Leistungsniveau der Lerngruppe angepasst werden. Für leistungsstärkere Klassen bietet sich folgende Formulierung an:

■ *Ermitteln Sie, was Ödön von Horváth unter dem „alten Volksstück" versteht und worin es sich von seinem neuen Volksstück-Konzept unterscheidet.*

In leistungsschwächeren Klassen empfiehlt sich eine vorstrukturierte Aufgabenstellung:

■ *Ermitteln Sie, was Ödön von Horváth unter dem „alten Volksstück" versteht und worin es sich von seinem neuen Volksstück-Konzept unterscheidet. Beziehen Sie sich dabei auf folgende Stichworte:*
- *„Kleinbürgertum"*
- *„Bildungsjargon"*
- *„Stilisierung"*

Die Ergebnisse werden in einem Tafelbild zusammengefasst:

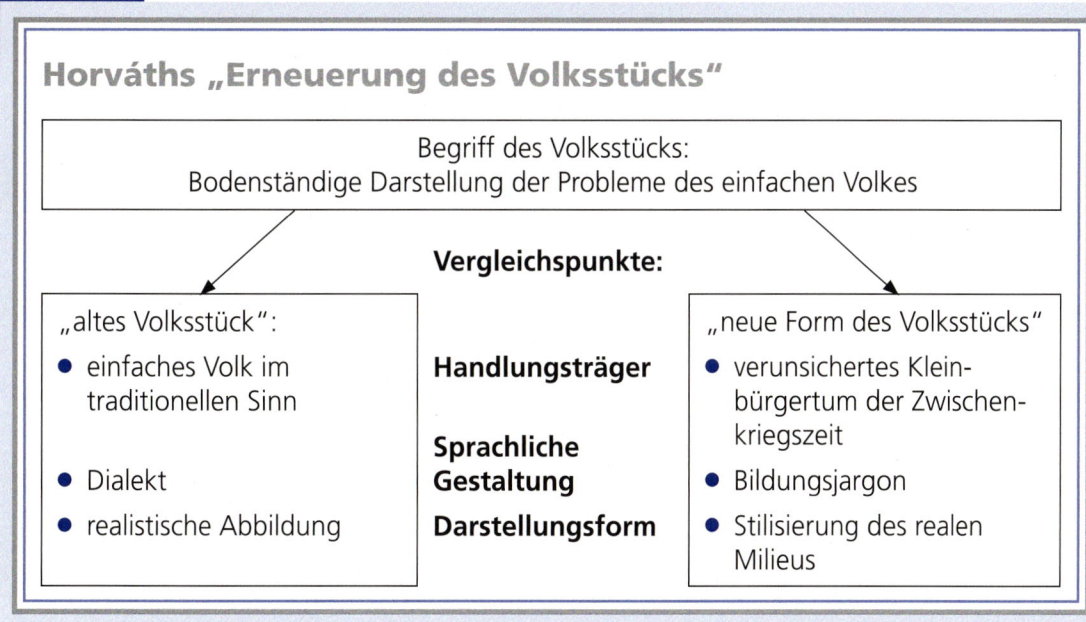

Bei der Besprechung sollten auch jeweils konkrete Beispiele für die dramaturgischen Vorstellungen Horváths zur Sprache kommen.

Als eine gerade im Hinblick auf die Prüfungsvorbereitung nützliche Ergänzung bietet sich an, die Ästhetik Horváths mit dem Konzept des „epischen Theaters" seines Zeitgenossen Bertolt Brecht zu vergleichen. Sollte diese Thematik im Unterricht bereits behandelt worden sein, stellt der Vergleich mit Horváth eine sinnvolle Wiederholung dar. Sollten Brechts theoretische Ansichten noch nicht Gegenstand des Unterrichts gewesen sein, dienen Auszüge aus der von Brecht im Jahre 1939 verfassten Schrift „Über experimentelles Theater" (**Zusatzmaterial 2**, S. 108 f.) als einführende Textgrundlage.

■ *Erarbeiten Sie aus dem Text die Grundideen des „epischen Theaters" und stellen Sie diese der Theatertheorie Horváths gegenüber.*

Diese Thematik eignet sich im Übrigen auch für ein Schülerreferat (Aufgabenstellung am Ende des Bausteins).

Themenvorschläge für Referate:

- Geben Sie einen Überblick über die Geschichte des Genres „Volksstück" vor Horváth.
- Stellen Sie Gemeinsamkeiten und Unterschiede im dramatischen Schaffen Johann Nepomuk Nestroys (1801–1862) und Ödön von Horváths vor.
- Vergleichen Sie Horváths „Volksstück"-Konzept mit dem „epischen Theater" Bertolt Brechts.

Notizen

_____

_____

_____

_____

_____

_____

_____

_____

_____

_____

_____

_____

_____

_____

_____

_____

_____

_____

Klaus Mann: Ödön von Horváth †

Die Nachricht, dass Ödön von Horváth in Paris von einem Baum erschlagen worden ist, klang zunächst so finster, krass, absurd und unwahrscheinlich, dass es schwer fiel, sie für wahr zu halten. Seit wann stürzen Bäume auf den Champs-Elysées und zerschmettern vorübergehenden Dichtern das Haupt? Sind wir denn schon mittendrin im Weltuntergang? Suchen sich die Gewitterstürme dieses gefahrenschwangeren Sommers ihre Opfer mit diabolischer Sicherheit unter unseren Besten? – Denn Ödön von Horvath ist einer unserer besten gewesen."[1]

---

[1] Zitiert nach Krischke, Materialien zu Ödön von Horvath, a.a.O., S. 129

■ *Worauf spielt Klaus Mann an, wenn er von einem „gefahrenschwangeren Sommer" spricht?*

■ *Welches politisch bedingte Motiv dürfte dem Aufenthalt Horváths im Paris des Jahres 1938 zugrunde liegen?*

Auswertung des Texts „Ödön von Horváth: Leben und Werk" (Textausgabe, S. 103–107)

■ *Bearbeiten Sie die folgenden Aufgaben. Antworten Sie dabei mit eigenen Worten und in vollständigen Sätzen.*

1. Erklären Sie, warum Horváth die Formulierung „typisch alt-österreichisch-ungarische Mischung" zur Charakterisierung seiner Herkunft wählte.

_____

_____

2. Skizzieren Sie den offenkundigen Zusammenhang zwischen der Herkunft Horváths und der sprachlichen Gestaltung seiner Theaterstücke.

_____

_____

3. Beschreiben Sie die grundsätzliche Einstellung Horváths zum Habsburgerreich beziehungsweise zu dessen Untergang.

_____

_____

4. Erläutern Sie die Bedeutung der Städte Wien, München und Berlin für die Schriftstellerbiografie Horváths.

_____

_____

5. Fassen Sie zusammen, wie die kulturelle und politische Öffentlichkeit die Werke des jungen Horváth aufnimmt.

_____

_____

6. Erläutern Sie das Verhältnis Horváths gegenüber dem Nationalsozialismus.

_____

_____

7. Hier ist Platz für Ihre weiterführenden Fragen an die Biografie Horváths:

_____

_____

Karte des Habsburgerreichs 1914

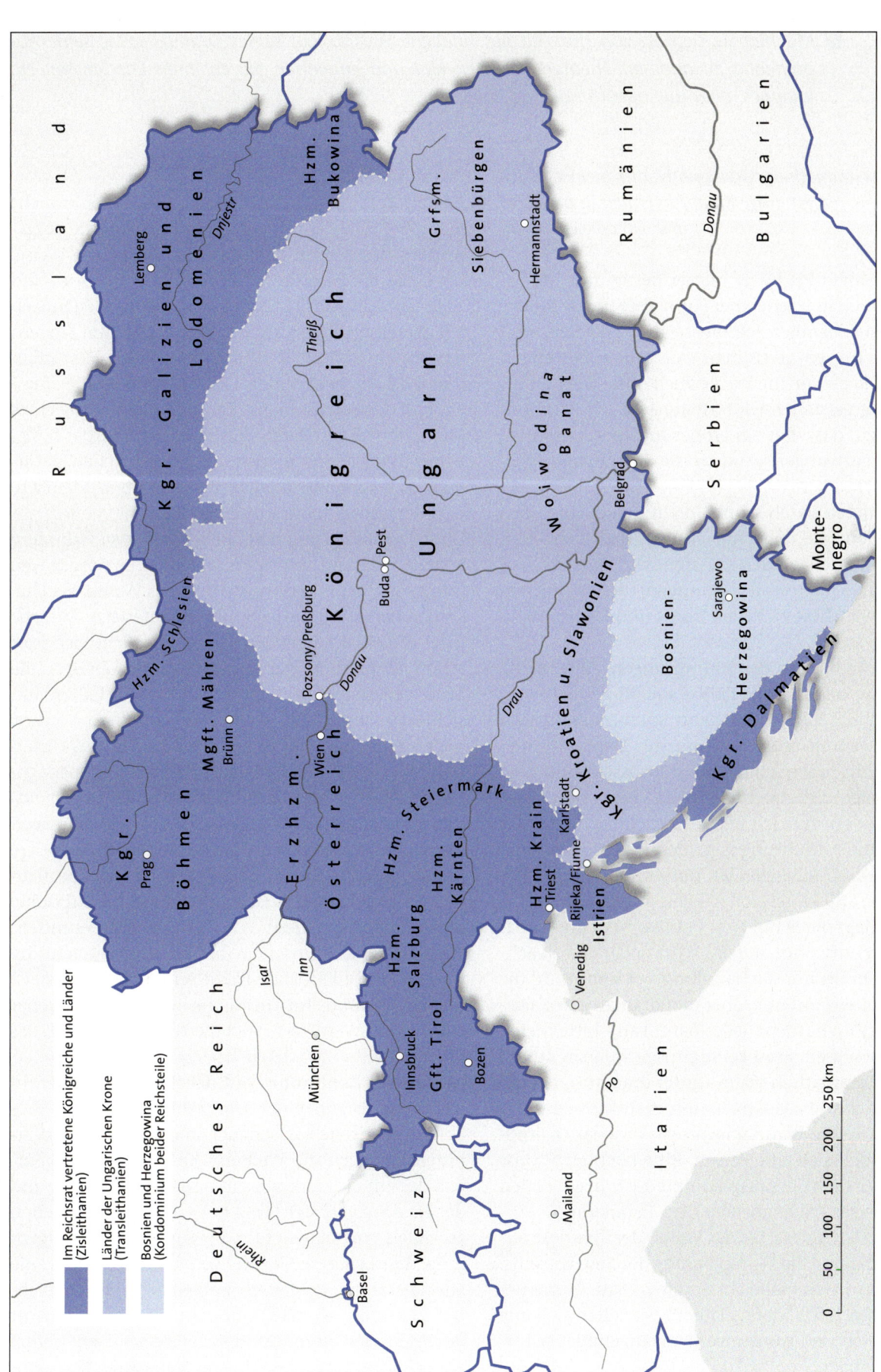

BS **2**

■ *Zeichnen Sie anhand dieser Karte die Lebensstationen Horváths nach und überlegen Sie, zu welchen Nationalstaaten die jeweiligen Städte heute gehören.*

„Die Demaskierung des Bewusstseins" bei Horváth

■ *Machen Sie sich die von Horváth beschriebene Wirkabsicht seines Dramas sowie seine Abgrenzung zu anderen Theaterkonzepten klar und entwerfen Sie zu Ihren Ergebnissen ein knappes, aber aussagekräftiges Tafelbild.*

Das dramatische Grundmotiv aller meiner Stücke ist der ewige Kampf zwischen Bewusstsein und Unterbewusstsein.

Ich hatte mich bis heute immer heftig dagegen gesträubt, mich in irgendeiner Form über meine Stücke zu äußern – nämlich ich bin so naiv gewesen, und bildete es mir ein, dass man (Ausnahme bestätigen
5 leider die Regel) meine Stücke auch ohne Gebrauchsanweisung verstehen wird. Heute gebe ich es unumwunden zu, dass dies ein grober Irrtum gewesen ist, dass ich gezwungen werde, eine Gebrauchsanweisung zu schreiben.
10 Erstens bin ich daran schuld, denn: Ich dachte, dass viele Stellen, die doch nur eindeutig zu verstehen sind, verstanden werden müssten, dies ist falsch – es ist mir öfters nicht restlos gelungen, die von mir angestrebte Synthese zwischen Ironie und Realismus zu
15 gestalten.
Zweitens: Es liegt an den Aufführungen – alle meine Stücke sind bisher nicht richtig im Stil gespielt worden, wodurch eine Unzahl von Missverständnissen naturnotwendig entstehen musste. Daran ist nie-
20 mand vom Theater schuld, kein Regisseur und kein Schauspieler, dies möchte ich ganz besonders betonen – sondern nur ich allein bin schuld. Denn ich überließ die Aufführung ganz den zuständigen Stellen – aber nun sehe ich klar, nun weiß ich es genau,
25 wie meine Stücke gespielt werden müssen.
Drittens liegt die Schuld am Publikum, denn: Es hat sich leider entwöhnt, auf das Wort im Drama zu achten, es sieht oft nur die Handlung – es sieht wohl die dramatische Handlung, aber den dramatischen Dia-
30 log hört es nicht mehr. Jedermann kann bitte meine Stücke nachlesen: Es ist keine einzige Szene in ihnen, die nicht dramatisch wäre – unter dramatisch verstehe ich nach wie vor den Zusammenstoß zweier Temperamente – die Wandlungen usw. In jeder Dialogs-
35 zene wandelt sich eine Person. Bitte nachlesen! Dass dies bisher nicht herausgekommen ist, liegt an den Aufführungen. Aber auch an dem Publikum.
Denn letzten Endes ist ja das Wesen der Synthese aus Ernst und Ironie die Demaskierung des Bewusstseins.
40 Sie erinnern sich vielleicht an einen Satz in meiner *Italienischen Nacht,* der da lautet: „Sie sehen sich alle so fad gleich und werden gern so eingebildet selbstsicher."

Das ist mein Dialog.
Aus all dem geht schon hervor, dass Parodie nicht 45 mein Ziel sein kann – es wird mir oft Parodie vorgeworfen, das stimmt aber natürlich in keiner Weise. Ich hasse die Parodie! Satire und Karikatur – ab und zu ja. Aber die satirischen und karikaturistischen Stellen in meinen Stücken kann man an den fünf Fingern 50 herzählen – ich bin kein Satiriker, meine Herrschaften, ich habe kein anderes Ziel, als wie dies: Demaskierung des Bewusstseins. Keine Demaskierung eines Menschen, einer Stadt – das wäre ja furchtbar billig! Keine Demaskierung auch des Süddeutschen natür- 55 lich – ich schreibe ja auch nur deshalb süddeutsch, weil ich anders nicht schreiben kann.
Diese Demaskierung betreibe ich aus zwei Gründen: Erstens, weil sie mir Spass macht – zweitens, weil infolge meiner Erkenntnisse über das Wesen des The- 60 aters, über seine Aufgabe und zuguterletzt Aufgabe jeder Kunst ist Folgendes – (und das dürfte sich nun schon allmählich herumgesprochen haben) – die Leute gehen ins Theater, um sich zu unterhalten, um sich zu erheben, um eventuell weinen zu können 65 oder um irgendetwas zu erfahren. Es gibt also Unterhaltungstheater, ästhetische Theater und pädagogische Theater. Alle zusammen haben eines gemeinsam: Sie nehmen dem Menschen in einer derartigen Masse das Fantasieren ab wie kaum eine andere 70 Kunst. – Das Theater fantasiert also für den Zuschauer und gleichzeitig lässt es ihn auch die Produkte dieser Fantasie erleben. Die Fantasie ist bekanntlich ein Ventil für Wünsche – bei näherer Betrachtung werden es wohl asoziale Triebe sein, noch dazu meist 75 höchst primitive. Im Theater findet also der Besucher zugleich das Ventil wie auch Befriedigung (durch das Erlebnis) seiner asozialen Triebe.
Es wird ein Kommunist auf der Bühne ermordet, in feiger Weise von einer Überzahl von Bestien. Die 80 kommunistischen Zuschauer sind voll Hass und Erbitterung gegen die Weißen – sie leben aber eigentlich das mit und morden mit und die Erbitterung und der Hass steigert sich, weil er sich gegen die eigenen asozialen Wünsche richtet. Beweis: Es ist doch eigen- 85 artig, dass Leute ins Theater gehen, um zu sehen, wie ein (anständiger) Mensch umgebracht wird, der ihnen gesinnungsgemäß nahesteht – und dafür Eintritt bezahlen und hernach in einer gehobenen weihevollen Stimmung das Theater verlassen. Was geht 90

denn da vor, wenn nicht ein durchs Miterleben mit-
gemachter Mord? Die Leute gehen aus dem Theater
mit weniger asozialen Regungen heraus wie hinein.
(Unter asozial verstehe ich Triebe, die auf einer kri-
95 minellen Basis beruhen – und nicht etwa Bewegungen, die gegen eine Gesellschaft gerichtet sind –
ich betone das extra, so ängstlich bin ich schon
geworden durch die vielen Missverständnisse).
Dies ist eine vornehme pädagogische Aufgabe des
100 Theaters. Und das Theater wird nicht untergehen,
denn die Menschen werden in diesen Punkten immer
lernen wollen – ja, je stärker der Kollektivismus wird,
umso größer wird die Fantasie. Solange man um den
Kollektivismus kämpft, natürlich noch nicht, aber

dann – ich denke manchmal schon an die Zeit, die 105
man mit proletarischer Romantik bezeichnen wird.
(Ich bin überzeugt, dass sie kommen wird.)
Mit meiner Demaskierung erreiche ich natürlich eine
Störung der Mordgefühle – daher kommt es auch,
dass Leute meine Stücke oft ekelhaft und abstoßend 110
finden, weil sie eben die Schandtaten nicht so miterleben können. Sie werden auf die Schandtaten gestoßen – sie fallen ihnen auf und erleben sie nicht mit.
Es gibt für mich ein Gesetz und das ist die Wahrheit. 115

Ödön von Horváth: Gebrauchsanweisung, in: Traugott Krischke (Hrsg.): Materialien zu Ödön von Horváth, Frankfurt a. Main 1970, S. 51–53

Internetrecherche zum Begriff „Volksstück"

■ *Informieren Sie sich auf Ihnen geeignet erscheinenden Internetseiten zum Thema „Volksstück" und bearbeiten Sie folgende Aufgaben:*

1. Ermitteln Sie die Kennzeichen des Volksstücks des 18. Jahrhunderts und grenzen Sie diese Form von anderen Dramentypen dieser Epoche ab.

_____

_____

_____

_____

_____

_____

2. Fassen Sie die wichtigsten Neuerungen zusammen, die sich mit dem Begriff des „Altwiener Volks-stücks" verbinden.

_____

_____

_____

_____

_____

_____

3. Erklären Sie, worin die Besonderheiten der Stücke Johann Nestroys (1801–1862) bestehen.

_____

_____

_____

_____

_____

_____

Horváth über das „Volksstück"

■ *Ermitteln Sie, was Ödön von Horváth unter dem „alten Volksstück" versteht und worin es sich von seinem neuen Volksstück-Konzept unterscheidet.*

Ich habe Verständnis dafür, wenn jemand fragt – Lieber Herr, warum nennen Sie denn Ihre Stücke Volksstücke? Auch hierauf will ich heute antworten, damit ich mit derlei Sachen für längere Zeit meine Ruhe
5 habe. Also: das kommt so.
Vor sechs Jahren schrieb ich mein erstes Stück *Die Bergbahn* und gab ihm den Untertitel und Artbezeichnung: „Ein Volksstück". Die Bezeichnung Volksstück war bis dahin in der jungen dramatischen Produktion
10 in Vergessenheit geraten. Natürlich gebrauchte ich diese Bezeichnung nicht willkürlich, das heißt, nicht einfach deswegen, weil das Stück ein bayerisches Dialektstück ist und die Personen Streckenarbeiter sind, sondern deshalb, weil mir so etwas wie eine Fortset-
15 zung, Erneuerung des alten Volksstückes vorgeschwebt ist – also eines Stückes, in dem Probleme auf eine möglichst volkstümliche Art behandelt und gestaltet werden, Fragen des Volkes, seine einfachen Sorgen, durch die Augen des Volkes gesehen. Ein
20 Volksstück, das im besten Sinne bodenständig ist und das vielleicht wieder Anderen Anregung gibt, eben auch in dieser Richtung weiter mitzuarbeiten – um ein wahrhaftiges Volkstheater aufzubauen, das an die Instinkte und nicht an den Intellekt des Volkes ap-
25 pelliert.
Zu einem Volksstück, wie zu jedem Stück, ist es aber unerlässlich, dass ein Mensch auf der Bühne steht. Ferner: Der Mensch wird erst lebendig durch die Sprache.
30 Nun besteht aber Deutschland, wie alle übrigen europäischen Staaten, zu neunzig Prozent aus vollendeten oder verhinderten Kleinbürgern, auf alle Fälle aus Kleinbürgern. Will ich also das Volk schildern, darf ich natürlich nicht nur die zehn Prozent schildern,
35 sondern, als treuer Chronist meiner Zeit, die große Masse. Das ganze Deutschland muss es sein!
Es hat sich nun durch das Kleinbürgertum eine Zersetzung der eigentlichen Dialekte gebildet, nämlich durch den Bildungsjargon. Um einen heutigen Men-
40 schen realistisch schildern zu können, muss ich also den Bildungsjargon sprechen lassen. Der Bildungsjargon (und seine Ursachen) fordern aber natürlich zur Kritik heraus – und so entsteht der Dialog des neuen Volksstückes, und damit der Mensch, und damit erst
45 die dramatische Handlung – eine Synthese aus Ernst und Ironie.
Mit vollem Bewusstsein zerstöre ich nun das alte Volksstück, formal und ethisch – und versuche, die

neue Form des Volksstückes zu finden. Dabei lehne ich mich mehr an die Tradition der Volkssänger an 50 und Volkskomiker an, denn an die Autoren der klassischen Volksstücke. Und nun kommen wir bereits zu dem Kapitel Regie. Ich will nun versuchen, hauptsächlich möglichst nur praktische Anweisungen zu geben: (diese gelten für alle meine Stücke, außer der 55 *Bergbahn*). Bei Ablehnung auch nur eines dieser Punkte durch die Regie ziehe ich das Stück zurück, denn dann ist es verfälscht.
Zu den Todsünden der Regie zählt Folgendes:
1. Dialekt. Es darf kein Wort Dialekt gesprochen wer- 60 den! Jedes Wort muss hochdeutsch gesprochen werden, allerdings so, wie jemand, der sonst nur Dialekt spricht und sich nun zwingt, hochdeutsch zu reden. Sehr wichtig! Denn es gibt schon jedem Wort dadurch die Synthese zwischen Realismus und Ironie. 65 Komik des Unterbewussten. Klassische Sprecher. Vergessen Sie nicht, dass die Stücke mit dem Dialog stehen und fallen!
2. In meinen sämtlichen Stücken ist keine einzige parodistische Stelle! Sie sehen ja auch oft im Leben 70 jemand, der als seine eigene Parodie herumläuft – so ja, anders nicht!
3. Satirisches entdecke ich in meinen Stücken auch recht wenig. Es darf auch niemand als Karikatur gespielt werden, außer einigen Statisten, die gewisser- 75 maßen als Bühnenbild zu betrachten sind. Das Bühnenbild auch möglichst bitte nicht karikaturistisch – möglichst einfach bitte, vor einem Vorhang, mit einer wirklich primitiven Landschaft, aber schöne Farben bitte. 80
4. Selbstverständlich müssen die Stücke stilisiert gespielt werden, Naturalismus und Realismus bringen sie um – denn dann werden es Milljöhbilder und keine Bilder, die den Kampf des Bewusstseins gegen das Unterbewusstsein zeigen – das fällt unter den 85 Tisch. Bitte achten Sie genau auf die Pausen im Dialog, die ich mit „Stille" bezeichne – hier kämpft das Bewusstsein oder Unterbewusstsein miteinander, und das muss sichtbar werden.
5. In dem so stilisiert gesprochenen Dialog gibt es 90 Ausnahmen – einige Sätze, nur ein Satz manchmal, der plötzlich ganz realistisch, ganz naturalistisch gebracht werden muss.
6. Alle meine Stücke sind Tragödien – sie werden nur komisch, weil sie unheimlich sind. Das Unheimliche 95 muss da sein.

7. Es muss jeder Dialog herausgehoben werden – ein stummes Spiel der anderen ist streng untersagt. Sehen Sie sich die Volkssängertruppen an. Zum Beispiel im ersten Bild beim Zeppelin[1]: keine Statisten – einzelne Leute mit angeklebten Bärten, Dicke, Dünne, Kinder, Elli und Maria, usw. müssen zusehen – ohne Bewegung, nur die Sprecher selbst, die nicht. Von dem Verschwinden des Zeppelins ab, haben alle die Bühne zu verlassen, nur Kasimir und Karoline nicht – der Eismann kommt nur, wenn man ihn braucht, tritt er an den Kasten – wenn Kasimir den Lukas haut, kommen die Leute herein, sehen stumm zu, wie das auf dem Bolzen hinaufläuft, gehen wieder ab. Stilisiert muss gespielt werden, damit die wesentliche Allgemeingültigkeit dieser Menschen betont wird – man kann es gar nicht genug übertonen, sonst merkt es keiner. Die realistisch zu bringenden Stellen im Dialog und Monolog sind die, wo ganz plötzlich ein Mensch sichtbar wird – wo er dasteht, ohne jede Lüge, aber das sind naturnotwendig nur ganz wenig Stellen. [...]

_100_ _105_ _110_ _115_

---

[1] Horváth nimmt Bezug auf sein Volksstück *Kasimir und Karoline.*

Ödön von Horváth: Gebrauchsanweisung, in: Traugott Krischke (Hrsg.): Materialien zu Ödön von Horváth, Frankfurt a. Main 1970, S. 53–56

Das tragische Schicksal Mariannes

Die Tragödie der Marianne bildet die dramatische Leitlinie der Handlung des Stücks: Ihr Ausbruchsversuch aus einem durch gesellschaftliche Konventionen vorgezeichneten Lebensentwurf scheitert am menschenverachtenden Materialismus und Egoismus ihres gesellschaftlichen Umfelds. Die einzelnen Phasen des sozialen Abstiegs Mariannes beschreiben ihre enttäuschte Liebe zu Alfred sowie ihre Herabwürdigung zur sexuellen Ware. Der Verlust ihres Kindes besiegelt schließlich ihre Ergebung in die Ehe mit Oskar. Die Marianne-Handlung dient überdies als Klammer für die Integration der Nebenhandlungen in das Stück. Besonders deutlich zeigt sich dies in der Ausgestaltung der anderen weiblichen Figuren: Während Valerie als Kontrast- beziehungsweise Ergänzungsfigur zu Marianne interpretiert werden kann, besteht die Funktion von Ida, Emma und Helene in erster Linie darin, einzelne Charaktereigenschaften der tragischen Hauptfigur in verstärkter Betonung hervortreten zu lassen.

3.1 Flucht aus der Fremdbestimmung

In ihrem ersten Auftritt (Szene I, 2) wirkt Marianne noch fest eingebunden in ein gesellschaftskonformes Rollenbild: Zum einen bemüht sie sich in der Funktion einer zuvorkommenden Verkäuferin um das Familiengeschäft (S. 15, Z. 7–25), was ihr vom Rittmeister Lob für ihren Fleiß einbringt (S. 16, Z. 1–3). Zum anderen besorgt sie ihrem verwitweten Vater den Haushalt (S. 15 ff.). Sie akzeptiert sogar zunächst die vom Zauberkönig mit dem benachbarten Fleischer Oskar arrangierte Eheschließung, obwohl sie auch deutlich ausspricht, dass von ihrer Seite aus keine Liebe im Spiel ist (S. 18–19).

Mit der ersten Begegnung mit Alfred beginnt für Marianne ein Prozess des Ausbrechens aus dem bisherigen Rollenschema. Am Ende der Szene I, 2 erleben die beiden einen wortlosen Flirt, in dessen Verlauf Marianne sich „fast fasziniert" (S. 20, Z. 9–10) von Alfred zeigt. Allerdings erschrickt sie auch über eine plötzliche Annäherung Alfreds und unterbricht hier noch den Kontakt (S. 20, Z. 19–20). Die szenische Gestaltung dieser Begegnung stellt zudem eine Vorausdeutung auf das künftige Schicksal Mariannes dar: Sie dekoriert das Schaufenster des Ladens und erscheint dabei selbst wie ein Verkaufsgegenstand in der Warenauslage. Dabei „bemüht sie sich besonders um das Skelett" (S. 20, Z. 6) – ein erster Hinweis auf den Tod ihres kleinen Sohnes am Ende des Stücks.

Das nächste Aufeinandertreffen zwischen Marianne und Alfred ereignet sich im Rahmen der Verlobungsfeierlichkeiten zwischen Oskar und Marianne (Szene I, 3). Letztere verhält sich trotz des fröhlichen Treibens zunächst auffallend zurückhaltend und stumm. Zum Zeitpunkt ihrer ersten verbalen Äußerung befindet sie sich nicht bei Oskar, sondern in unmittelbarer Nähe zu Alfred (S. 24, Z. 5). Dabei stimmt sie in die vom Grammofon klingende Opernarie „Wie eiskalt ist dies Händchen" ein (S. 24, Z. 5–6), die in Puccinis Oper „La Boheme" eine Liebesszene einleitet. Daraufhin entwickelt sich zwischen ihr und Alfred ein Gespräch, in dem Marianne ihre innersten Gedanken und Gefühle preisgibt. Als ihr ihre eigene Offenheit bewusst wird, erwidert Alfred ihre Bemerkung „mein Gott, wie Sie das alles aus einem herausziehen" (S. 25, Z. 14–15) mit einer Formulierung, in der sein Interesse an Marianne als primär sexuell motiviert demaskiert wird: „Ich will gar nichts aus Ihnen herausziehen. Im Gegenteil." (S. 25, Z. 16–17) Marianne entgeht freilich dieser Freud'sche Versprecher, sie fühlt sich in den Bann Alfreds gezogen: „Können Sie hypnotisieren?" (S. 25, Z. 19) Das Hinzutreten Oskars beendet jedoch das Miteinander.

Noch der gleiche Abend (Szene I, 4) bringt aber eine endgültige Wendung mit sich: Die romantische Stimmung am Badestrand lässt Marianne und Alfred über unnatürliche kulturelle Zwänge philosophieren (S. 35, Z. 11–33). Dadurch ermutigt, ergreift Alfred die Initiative und umarmt und küsst Marianne (S. 35, Z. 34–35). Die darauf folgenden Liebeserklärungen (S. 36, Z. 2–28) wirken jedoch nur vonseiten Mariannes aufrichtig. Ihr Entschluss steht fest, Oskar nicht zu heiraten (S. 36, Z. 34). Alfred reagiert auf diese Eröffnung allerdings nur mit Ausflüchten (S. 36, Z. 38–S. 37, Z. 19), da er an einer ernsthaften Bindung nicht interessiert ist.

Als der Zauberkönig hinzukommt und Augenzeuge der Affäre wird, versuchen er und Alfred, die Situation noch zu retten (S. 37, Z. 26 – S. 38, Z. 6), es gelingt ihnen aber nicht, den Vorfall vor Oskar geheim zu halten (S. 38, Z. 7–8), zumal Marianne jetzt mit dramatischen Worten die Auflösung der Verlobung vollzieht („Jetzt bricht der Sklave seine Fessel", S. 38, Z. 15–16) und Oskar den Verlobungsring ins Gesicht wirft (S. 38, Z. 16–17). Marianne meint zu diesem Zeitpunkt, endgültig den Bruch mit ihrer bisherigen gesellschaftlichen Rolle vollzogen zu haben und auf eine Zukunft mit Alfred vertrauen zu können (S. 39, Z. 12–14). Dessen Reaktion lässt freilich an seiner Aufrichtigkeit seiner Absichten zweifeln (S. 39, Z. 15–16).

Oskar wiederum fühlt sich zwar tief verletzt, verzichtet aber keineswegs auf seine Heiratspläne, sondern reagiert gegenüber Marianne mit der bedrohlichen Ankündigung: „ich werde dich auch noch weiter lieben, du entgehst mir nicht" (S. 38, Z. 30–31). Anders der Zauberkönig: Nach einer kurzen Abwägung der Alternativen stuft er Alfred als ungeeigneten Heiratskandidaten ein (S. 39, Z. 2) und verstößt deshalb seine Tochter (S. 39, Z. 2–3).

Im Rahmen der Erarbeitung dieser Zusammenhänge im Unterricht bietet sich folgender zweischrittiger Auftrag für eine Partnerarbeit an:

■ *Erschließen Sie zunächst anhand der Szene I, 2 die anfängliche Lebenssituation Mariannes. Welche gesellschaftlichen Rollen sind ihr von ihrem Vater zugewiesen?*

Auf der Basis der gewonnenen Erkenntnisse wird zunächst gemeinsam die linke Seite des **Arbeitsblattes 15**, S. 66 ausgefüllt, indem das Wesen der Handschelle durch die drei Funktionen Mariannes – Hausfrau, Verkäuferin und Verlobte Oskars – inhaltlich präzisiert wird.

Im Anschluss erfolgt die Darstellung der Entwicklung des Verhältnisses zwischen Marianne und Alfred:

■ *Arbeiten Sie die Etappen der Annäherung zwischen Marianne und Alfred heraus (Szenen II, 2–4) und machen Sie sich die dabei erkennbar werdende Bedeutung Alfreds für Marianne klar.*

Die wichtigsten Ergebnisse werden auf der rechten Seite des Arbeitsblatts ergänzt:

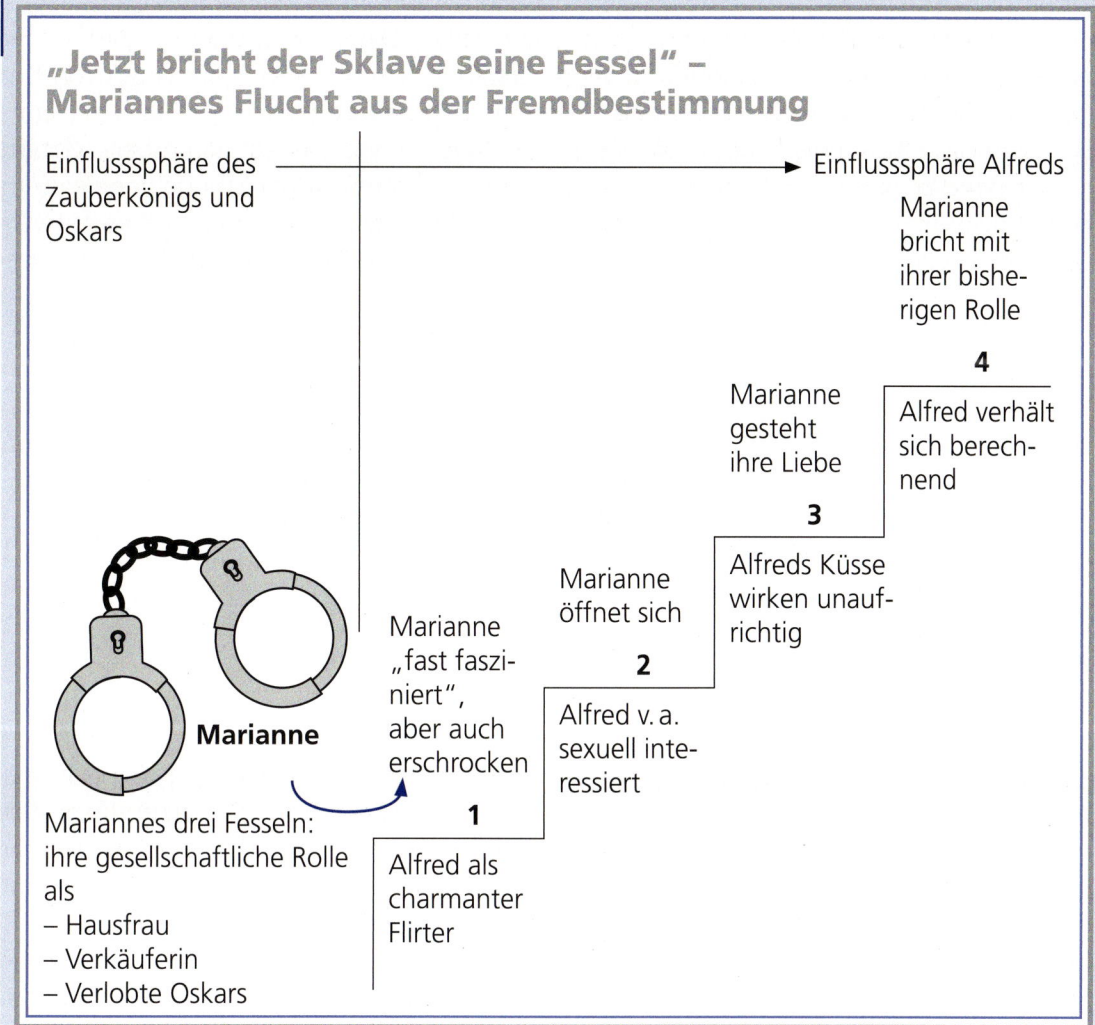

**„Jetzt bricht der Sklave seine Fessel" –
Mariannes Flucht aus der Fremdbestimmung**

Einflusssphäre des Zauberkönigs und Oskars ──────────────▶ Einflusssphäre Alfreds

Marianne bricht mit ihrer bisherigen Rolle

4
Alfred verhält sich berechnend

Marianne gesteht ihre Liebe

3
Alfreds Küsse wirken unaufrichtig

Marianne öffnet sich

2
Alfred v. a. sexuell interessiert

Marianne „fast fasziniert", aber auch erschrocken

Marianne

1
Alfred als charmanter Flirter

Mariannes drei Fesseln: ihre gesellschaftliche Rolle als
– Hausfrau
– Verkäuferin
– Verlobte Oskars

Für eine handlungsorientierte Darstellung des Verhältnisses zwischen Marianne und Alfred in seinen einzelnen Entwicklungsphasen bietet sich die Methode des „Standbild-Bauens" an. Das Ziel dieser szenischen Gestaltungsübung besteht darin, die im Dramentext zum Ausdruck kommende Annäherung zwischen den beiden Protagonisten samt der darin enthaltenen Zwischentöne in Form von plastischen Momentaufnahmen zu verdichten und damit auf kreative Weise zu interpretieren. (**Arbeitsblatt 16**, S. 67 ff.)

Beschreibung des Vorgehens:

Ein Standbild besteht aus einer oder mehreren bewegungslos verharrenden Personen, deren Mimik, Gestik und Körperhaltung dazu dienen, innere Zustände sowie äußere Verhältnisse auf nonverbalem Wege auszudrücken.

Der Kurs bzw. die Klasse wird in vier Arbeitsgruppen aufgeteilt, die sich mit je einer Beziehungsetappe beschäftigen:

Gruppe 1: Mariannes erste Begegnung mit Alfred (Szene I, 2, S. 20)
Gruppe 2: Die Annäherung zwischen beiden Figuren (Szene I, 3, S. 24–25)
Gruppe 3: Das Liebesbekenntnis (Szene I, 4, S. 35–37)
Gruppe 4: Die Entdeckung der Affäre (Szene I, 4, S. 37–39)

Die genauen Aufgabenstellungen können die Schüler den Arbeitsblättern entnehmen, die den einzelnen Gruppen ausgehändigt werden (Arbeitsblätter 16, a–d). Zunächst macht sich jede Gruppe Gedanken über den jeweiligen Stand der Beziehung, wobei sowohl die Sichtweise Mariannes als auch die Alfreds zu berücksichtigen ist, und entwickelt eine Idee für ein möglichst aussagekräftiges Standbild. Anschließend bestimmt die Gruppe zwei „Darsteller", die im Standbild Marianne und Alfred verkörpern sollen. Die übrigen Teammitglieder fungieren als „Regisseure" des Standbilds. Selbstverständlich können auch alle Arten von Gegenständen aus dem Klassenzimmer als Requisiten herangezogen werden. Nach der Erarbeitungsphase stellen die Gruppen ihr jeweiliges Standbild vor. Der auf den Arbeitsblättern angegebene Zeitrahmen von ca. 55 Minuten ist auf den einer Doppelstunde angelegt. Im Bedarfsfall kann der Zeitplan entweder gekürzt oder der erste Teil der Aufgabe (die Auswertung der Textstelle) in Form einer individuellen häuslichen Vorbereitung durchgeführt werden.

Erfahrungsgemäß bringen sich die Schülerinnen und Schüler im Rahmen solcher szenischen Arbeitsprozesse mit Engagement und vielen Ideen ein. Um die Leistungen der Klasse dauerhaft festhalten zu können, könnten die vorgestellten Standbilder beispielsweise fotografisch festgehalten werden. Mit den Aufnahmen lässt sich dann eine Bildercollage gestalten, die im Klassenzimmer angebracht werden kann.

3.2 Entwürdigung und Selbstaufgabe

Die Hoffnung Mariannes auf ein selbstbestimmtes, glückliches Leben zusammen mit Alfred entlarvt Horváth auf der Bühne umgehend als Illusion. Bereits die einleitende Regieanweisung der Szene II, 2 (S. 42) zeichnet das Bild eines von den Lebensumständen enttäuschten Liebespaars: Es haust „äußerst preiswert" (Z. 27) in einem einfachen möblierten Zimmer (Z. 26), in dem auch der Kinderwagen untergebracht ist sowie die Windeln aufgehängt werden (Z. 29–30). Die Tagesstimmung wird mit den Adjektiven „grau" (Z. 30) und „trüb" (Z. 31) charakterisiert.
Sowohl Alfred als auch Marianne artikulieren ihre Unzufriedenheit: Er beklagt die geringen Verdienstmöglichkeiten als Kosmetikverkäufer (S. 43, Z. 13–20) und trauert der Welt der Pferdewetten nach, von der er aufgrund seiner langen Absenz nun ausgeschlossen ist (S. 43, Z. 13–18). Zudem bewertet er die Existenz seines Kinds in erster Linie als einengend (S. 44, Z. 9–11). Marianne dagegen leidet stark an der Partnerschaft, da sie sich von Alfred allein gelassen fühlt (Z. 33). In diesem Zusammenhang tritt außerdem deutlich hervor, dass die Beziehung für die beiden Partner von unterschiedlicher Wertigkeit ist: Während Marianne noch den Jahrestag des Kennenlernens hochhält, beschränkt sich Alfreds Sicht auf die Alltagsroutine, wenn er, wie übrigens auch der Zauberkönig in I, 2, Marianne nach seiner Wäsche fragt (S. 43, Z. 30–31, S. 44, Z. 16). Überhaupt ist die gesamte Kommunikation der beiden geprägt von Missverständnissen, Lügen und spürbarer Gereiztheit (S. 45).
Um dieses Verhältnis zwischen Alfred und Marianne im Unterricht zu behandeln, bietet sich ein kreativer Schreibauftrag an, in dem die subjektive Wahrnehmung der Beziehungssituation durch die beiden Partner in kontrastiver Weise herausgearbeitet wird.
Als Vorbereitung wird ein textanalytischer Arbeitsauftrag formuliert:

■ *Untersuchen Sie die Szene II, 2 auf Aussagen, in denen die Wahrnehmung der Beziehung durch die beiden Partner deutlich wird, wobei Sie Selbstaussagen Mariannes mit roter, Selbstaussagen Alfreds mit blauer Farbe unterstreichen. Vergleichen Sie anschließend Ihre Ergebnisse mit denen Ihres Banknachbarn und diskutieren Sie mit ihm, inwieweit sich die Beurteilung der Beziehung vonseiten Mariannes und Alfreds jeweils unterscheiden.*

Anschließend erfolgt die Phase des kreativen Schreibens:

Schüler A:

■ *Nach der Auseinandersetzung mit Alfred drängt es Marianne dazu, ihre Sicht der Dinge niederzuschreiben. In einem an Alfred gerichteten Brief fasst sie den Verlauf des Gesprächs zusammen und zieht entsprechende Schlussfolgerungen. Versetzen Sie sich in Mariannes Situation und erstellen Sie einen entsprechenden Text, den Sie dann Ihrem Banknachbarn vorstellen.*

Schüler B:

■ *Nach der Auseinandersetzung mit Marianne drängt es Alfred dazu, seine Sicht der Dinge niederzuschreiben. In einem an Marianne gerichteten Brief fasst er den Verlauf des Gesprächs zusammen und zieht entsprechende Schlussfolgerungen. Versetzen Sie sich in Alfreds Situation und erstellen Sie einen entsprechenden Text, den Sie dann Ihrem Banknachbarn vorstellen.*

Durch den Handlungsfortgang des zweiten Teils des Dramas wird deutlich, dass Marianne nach ihrer Entscheidung für ein selbstgestaltetes Leben nicht nur in ihrem Verhältnis zu Alfred, sondern auch von ihrer übrigen Umwelt Zurückweisung erfährt. Diese zeigt sich besonders in der jeweiligen Einstellung gegenüber dem kleinen Leopold, der von der Gesellschaft als Verdinglichung der „Verfehlung" Mariannes behandelt wird und damit als Projektionsfläche der Vorwürfe gegenüber Marianne fungieren muss.

So entzieht sich Alfred nicht nur der Partnerschaft mit Marianne, sondern auch seiner Verantwortung für das gemeinsame Kind, das er vor allem als Belastung empfindet. Seine gegenüber Marianne rigoros vorgebrachte Forderung „Das Kind kommt weg" (S. 44, Z. 13) setzt er dabei mit einer fadenscheinigen Begründung (S. 45, Z. 1–4) durch. Auch sonst ist sein Umgang mit seinem Sohn von Gleichgültigkeit gekennzeichnet (S. 54, Z. 19–20). Seine Großmutter teilt diese Haltung: Sie sieht in Leopold lediglich einen „Bankerten", der „anderen nur zur Last" fällt (S. 54, Z. 27), weil er Alfred an sein altes Leben bindet und damit dem von ihr vorgeschlagenen Neuanfang in Frankreich im Weg steht (S. 56, Z. 27–29). Stillschweigend bietet sie ihrem Enkel sogar die Kindstötung an (S. 55, Z. 22–25), was dieser wortlos akzeptiert. Oskar wiederum beabsichtigt trotz der aufgekündigten Verlobung weiterhin, Marianne zu heiraten. Dabei stellt das Kind für ihn jedoch ein Ehehindernis dar (S. 62, Z. 11), dem er unverhohlen den Tod wünscht (Z. 13–14). Auch bei der Kirche findet Marianne keinen Rückhalt: Da sie die sündhaften Umstände der Zeugung und Geburt Leopolds in der Beichte nicht zu bereuen vermag, wird ihr die Absolution verweigert (S. 64). Nur die Handleserin Helene sieht für Leopold eine gute Zukunft voraus (S. 52, Z. 6–7) – als Blinde vermag sie die gesellschaftliche Realität nicht zu erkennen.

Der von Horváth am Beispiel Leopolds demonstrierte materialistische und zutiefst inhumane Egoismus der Gesellschaft lässt sich in einem Tafelbild darstellen, das im Rahmen eines entsprechenden Unterrichtsgesprächs entstehen könnte. Ein sinnvoller Arbeitsauftrag für eine vorbereitende Stillarbeit lautet:

■ *Fassen Sie in Stichworten zusammen, welche Haltung folgende Vertreter aus dem sozialen Umfeld Mariannes gegenüber ihrem unehelichen Sohn Leopold jeweils einnehmen.*
- *Alfred (Textgrundlage: Szene II, 3)*
- *Oskar (Textgrundlage II, 6)*
- *Großmutter (Textgrundlage II, 7)*
- *Kirche (Textgrundlage II, 7)*

Nach der Besprechung der Resultate wird im Unterricht gemeinsam ein Fazit gezogen:

■ *Welche gemeinsame Grundeinstellung liegt den Haltungen der einzelnen Vertreter der Gesellschaft zugrunde?*

Die Ergebnissicherung kann folgendermaßen gestaltet werden:

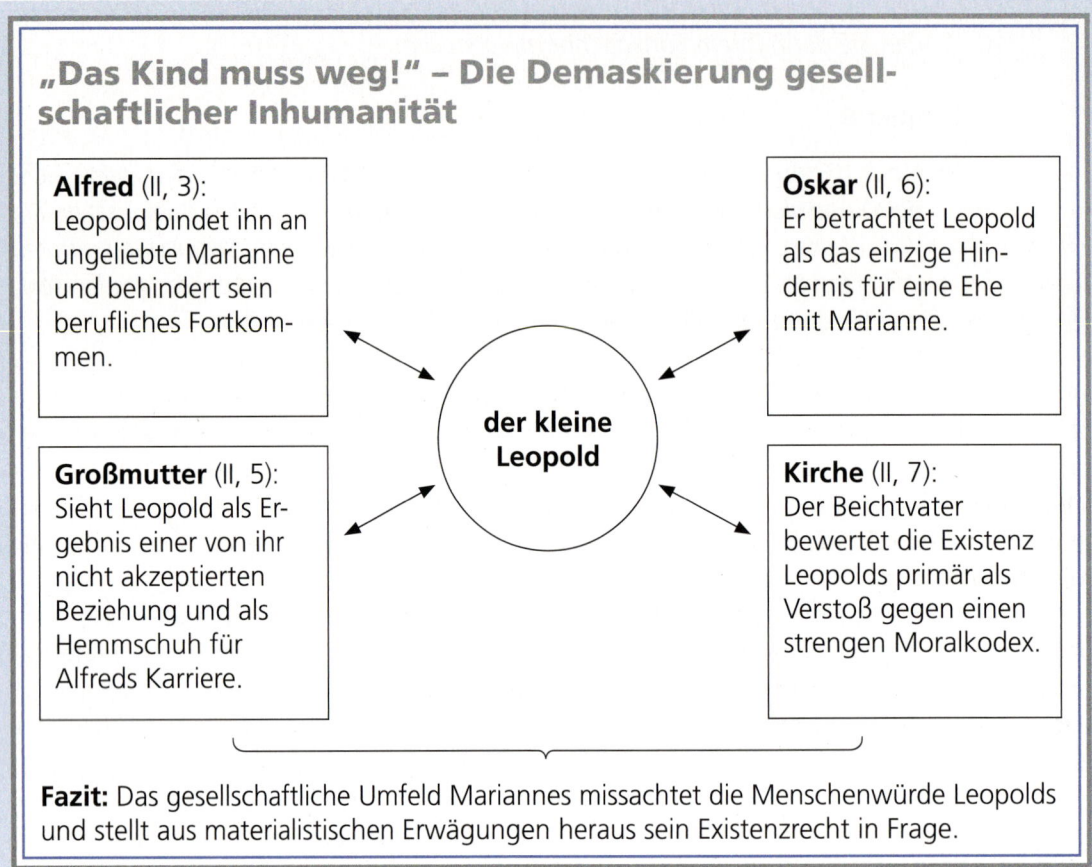

„Das Kind muss weg!" – Die Demaskierung gesellschaftlicher Inhumanität

Alfred (II, 3):
Leopold bindet ihn an ungeliebte Marianne und behindert sein berufliches Fortkommen.

Oskar (II, 6):
Er betrachtet Leopold als das einzige Hindernis für eine Ehe mit Marianne.

der kleine Leopold

Großmutter (II, 5):
Sieht Leopold als Ergebnis einer von ihr nicht akzeptierten Beziehung und als Hemmschuh für Alfreds Karriere.

Kirche (II, 7):
Der Beichtvater bewertet die Existenz Leopolds primär als Verstoß gegen einen strengen Moralkodex.

Fazit: Das gesellschaftliche Umfeld Mariannes missachtet die Menschenwürde Leopolds und stellt aus materialistischen Erwägungen heraus sein Existenzrecht in Frage.

Den Tiefpunkt der gesellschaftlichen Erniedrigung Mariannes bildet die Szene III, 1: Ihr Auftritt als Nacktänzerin bedeutet nicht nur eine verletzende Bloßstellung vor einem Publikum, das unter anderem aus ihrem privaten Umfeld besteht, sondern zugleich die öffentliche Reduzierung auf den Status einer Ware.

In dramaturgischer Hinsicht kommt den Tanzdarbietungen im „Maxim" primär ein allegorischer Charakter zu: In Gestalt des Bühnengeschehens versinnbildlicht Horváth die Gesetze und Werte der von ihm kritisierten Gesellschaft und hält damit dem Publikum im „Maxim" gewissermaßen den Spiegel vor. Bedingt durch ihre kleinbürgerliche Engstirnigkeit und die damit einhergehende mangelnde Fähigkeit zur Selbstkritik sind die Zuschauer mit Ausnahme Valeries jedoch nicht in der Lage, die auf der Bühne inszenierte Aufklärungsarbeit zu durchschauen. Sie betrachten das Sinnspiel vielmehr lediglich als ordinäres voyeuristisches Vergnügen und verkennen dadurch seine existenzielle Dimension.

Der Ablauf des „Theaters auf dem Theater" besteht aus folgenden Elementen:

● Die einleitenden Worte des Conferenciers (S. 74, Z. 3–11) stimmen auf die satirische und groteske Tonlage der Darbietung ein: Das Zitat aus Goethes „Faust" verspricht zunächst einen hohen künstlerischen Anspruch, um dann einen perversen Nebensinn zu offenbaren: Wenn man das von den Vätern ererbte auf Marianne, die Tochter des Zauberkönigs, bezieht, so geschieht der neue Erwerb beziehungsweise die Inbesitznahme im „Maxim" in Gestalt des voyeuristischen Konsums.

- Das Vorspiel (S. 74, Z. 12–15) enthält noch keine anstößigen Inhalte, führt aber bereits Elemente ein, die in den drei folgenden Auftritten ins Groteske übersteigert werden. Die Walzermusik „Wiener Blut" besitzt allenfalls einen sehr versteckten erotischen Bezug, die Tänzerinnen sind noch bekleidet, und beim „Hoch- und Deutschordensmeistermarsch" handelt es sich um ein Traditionslied der Habsburger Armee.
- Das erste Bild („Donaunixen", S. 76, Z. 16–25) besteht hauptsächlich aus halbnackten Tänzerinnen, die als Wassernixen verkleidet sind und damit als Symbol für die erotische Verführungskraft der Frauen fungieren. Die schwarz-grüne Farbgestaltung der Bühne bildet einen grotesken Kontrast zum musikalisch inszenierten Kitschbild der „blauen Donau".
- Das Motiv des „Zeppelins" (5. 76, Z. 30–S. 77, Z. 2), dargestellt von nunmehr komplett nackten Mädchen, ist im Sinne Freuds als phallisch und damit als Symbol für die männliche Sexualität zu deuten. Das anklingende Soldatenlied „Fridericus rex" bezieht sich auf Friedrich den Großen und damit auf die preußisch-deutsche Militärtradition. Indem das Publikum mit der ersten Strophe des Deutschlandliedes antwortet, stellt Horváth eine Verbindung her zwischen männlicher Sexualität und militärischer Aggressivität.
- Den Höhepunkt der Aufführung bildet die Allegorie der „Jagd nach dem Glück" (S. 77, Z. 8–14), die vom Publikum mit „Totenstille" (Z. 7) erwartet wird. Die romantische Musik von Schumann zum Thema „Träumerei" (Z. 9) wirkt in ihrem Bezug auf die Handlung äußerst grotesk: Mehrere nackte Mädchen kämpfen in einem rücksichtslosen Wettstreit darum, das Glück zu erjagen. Dieses wird von Marianne personifiziert, die auf einem Bein auf einer Kugel steht. Die Allegorie enthält damit eine pessimistische Aussage: Dauerhaftes Glück stellt lediglich eine Illusion dar.
- Mit dem Zusammenbruch Valeries (S. 77) endet das „Theater auf dem Theater". Marianne erschrickt, kann sich nicht mehr auf der Kugel halten und „starrt […] in den Zuschauerraum" (Z. 19–20). Damit vollzieht sie die Durchbrechung der Theaterillusion. Das allegorische Spiel kehrt in die fiktive Realität des Stücks zurück.

Um eine zusammenhängende allegorische Deutung der Szene unter dem Aspekt des „Theaters auf dem Theater" erarbeiten zu können, informieren sich die Schülerinnen und Schüler mithilfe des **Arbeitsblattes 17** (S. 71) über die Definition des Fachterminus „Theater auf dem Theater" und machen sich die möglichen Funktionen dieses dramaturgischen Gestaltungselements deutlich.

■ *Geben Sie mit eigenen Worten wieder, was man unter einem „Theater auf dem Theater" versteht und welche Funktionen ihm zukommen können.*

Anschließend werden die neu gewonnenen Einsichten am Dramentext überprüft. Der folgende Arbeitsauftrag eignet sich besonders für ein Unterrichtsgespräch. Ebenso kann er auch zunächst auf Arbeitsgruppen verteilt werden. Die Ergebnisse werden dann durch eine gemeinsame Besprechung zusammengeführt.

■ *Geben Sie zunächst die Struktur des „Theaters auf dem Theater" in Szene III, 1 (S. 74–77) in Form eines Schaubilds wieder und beziehen Sie eine kurze Deutung der einzelnen Elemente ein. Entscheiden Sie anschließend auf der Basis Ihrer Ergebnisse möglichst präzise, welche Funktion dem „Theater auf dem Theater" in dieser Szene für das Stück zukommt.*

Zur kompakten Darstellung der Lösung steht den Schülerinnen und Schülern das **Arbeitsblatt 18a**, S. 72, zur Verfügung, das von den Schülerinnen und Schülern während der Besprechung der Lösungen schrittweise auf dem Overheadprojektor ausgefüllt wird. Angehängt ist ein Lösungsvorschlag (**Arbeitsblatt 18b**, S. 73).

Das endgültige Scheitern Mariannes wird in Szene III, 4 offenbar, bei der es sich „um einen der deprimierendsten Dramenabschlüsse der Weltliteratur"[1] handelt. Während sich in der Szene II, 3 scheinbar noch Versöhnungsmöglichkeiten, vor allem zwischen dem Zauberkönig und seiner Tochter, andeuten, erweisen sich diese Hoffnungen in Szene II, 4 als trügerisch: Die Katastrophe hat sich bereits an anderer Stelle ereignet. Die Großmutter hat den kleinen Leopold getötet und damit zugleich den Emanzipationsversuch Mariannes mit letzter Konsequenz bestraft.

Die Komposition der Szene führt nochmals mit aller Brutalität die Inhumanität der Gesellschaft vor Augen: Die Nachricht vom Tod Leopolds erwidern die Anwesenden mit Gleichgültigkeit und egoistischer Emotionalität. Alfred tröstet Marianne nur „automatisch" (S. 97, Z. 38), seine verbalen Trauerbekundungen (S. 99, Z. 5–8) stehen in direktem Gegensatz zu seinem vorangegangenen Verhalten gegenüber seinem Sohn, das von unmenschlicher Ablehnung geprägt war. Auch der Zauberkönig, der zunächst sichtlich unter Schock steht (S. 97, Z. 39–40), zeigt keinerlei empathischen Ansatz. Sein Verhalten wird durch die Angst vor einem zweiten Schlaganfall und damit durch die Sorge um das eigene Wohl bestimmt (S. 98, Z. 24–30). Sein von einem Zurechtrichten der Krawatte begleiteter Abgang (S. 98, Z. 30–31) deutet auf das völlige Fehlen einer inneren Einsicht oder Wandlung hin. Valeries etwas hilflos wirkende Anteilnahme bewegt sich lediglich im Rahmen gesellschaftlicher Schicklichkeit (S. 98, Z. 32–35). Die emotionalen Regungen aufseiten der Mutter richten sich ausschließlich gegen die Großmutter (S. 98, Z. 13–14, 22–23). Einzig Marianne versucht ein letztes Mal, in sinnloser Aggressivität aufzubegehren, indem sie die Mörderin ihres Sohnes töten will (S. 98, Z. 4–6). Am Ende bleibt ihr aber nur die resignative Ergebung in ihr Schicksal und damit die Einwilligung in die Ehe mit Oskar (S. 100, Z. 1).

Zur Interpretation der Schlussszene des Dramas setzen sich die Schülerinnen und Schüler mit der oben zitierten Aussage Hobeks auseinander:

■ *Der Horváth-Experte Friedrich Hobek bezeichnet die Szene III, 4 als „einen der deprimierendsten Dramenabschlüsse der Weltliteratur". Erläutern Sie diese Aussage mithilfe geeigneter Gesichtspunkte.*

Unter anderem sollten die Schülerinnen und Schüler in ihren Lösungen auf folgende Elemente eingehen:

- Außer Marianne zeigt keiner der Anwesenden eine wirkliche Erschütterung über den Tod des Kinds.
- Marianne wird trotz des von ihr erlittenen Schicksalsschlags nur oberflächliche Anteilnahme zuteil.
- Die in Szene III, 3 angedeutete Bereitschaft zu allgemeiner Versöhnung weckt falsche Hoffnungen. Tatsächlich folgt ein brutales Ende.
- Die bedrückende Voraussage Oskars in Szene I, 4 erfüllt sich: Marianne kann ihm tatsächlich am Ende nicht entkommen.

Zur Abrundung der Thematik bietet sich ergänzend ein kreativer Schreibauftrag an:

■ *Versetzen Sie sich in die Lage Mariannes am Ende des Stücks und verfassen Sie einen Tagebucheintrag, in dem Marianne über ihre Entwicklung im Stück nachdenkt und sich selbst Rechenschaft über die Gründe für ihre Resignation ablegt.*

---

[1] Hobek, Geschichten aus dem Wiener Wald, S. 25.

3.3 Spiegelfiguren zu Marianne

Die Hauptfiguren des Stückes sind nicht nur durch die Handlung verbunden, sondern auch in gestalterischer Hinsicht in vielfacher Weise einander zugeordnet. Besonders deutlich kann man dies an der Figur Mariannes erkennen: So verkörpern beziehungsweise spiegeln die Nebenfiguren Ida, Helene und Emma jeweils eine besondere Charaktereigenschaft der Hauptfigur Marianne:

- In Szene I, 2 provoziert die naiv-offenherzige Ida, ein Mädchen von gerade einmal elf Jahren, mit ihrer Offenheit eine aggressive Reaktion Havlitscheks (S. 12, Z. 16–33). Während der Verlobungsfeierlichkeiten zwischen Marianne und Alfred (Szene I, 3) rezitiert Ida „weißgekleidet" (S. 26, Z. 31–32) einen die Liebe verklärenden Sinnspruch (S. 26, Z. 34– S. 35, Z. 2) und fungiert damit als Symbol der reinen Liebe.

- Emma wird als „Mädchen für alles" (S. 40, Z. 11) charakterisiert, das für Havlitschek trotz seiner Derbheit jederzeit verfügbar ist (S. 41, Z. 22–25).

- Helene, die Schwester der Baronin, erliegt aufgrund ihrer Blindheit erheblichen Fehleinschätzungen der Realität: So hält sie Ferdinand Hierlinger für eine sympathische Person (S. 51, Z. 21–22) und sagt Mariannes Kind eine freudvolle Zukunft voraus (S. 52, Z. 6–7).

Die Funktion der einzelnen Figuren lässt sich durch eine arbeitsteilige Gruppenarbeit erschließen.

Gruppe A:

■ *Lesen Sie nochmals die Szenen I, 2 und 3 und überlegen Sie, durch welche hervorstechende Eigenschaft die Nebenfigur Ida charakterisiert ist. In welchem Verhältnis steht diese Figur Ihres Erachtens zu Marianne?*

Gruppe B:

■ *Lesen Sie nochmals die Szene II, 1 und überlegen Sie, durch welche hervorstechende Eigenschaft die Nebenfigur Emma charakterisiert ist. In welchem Verhältnis steht diese Figur Ihres Erachtens zu Marianne?*

Gruppe C:

■ *Lesen Sie nochmals die Szene II, 4 und überlegen Sie, durch welche hervorstechende Eigenschaft die Nebenfigur Helene charakterisiert ist. In welchem Verhältnis steht diese Figur Ihres Erachtens zu Marianne?*

Die Ergebnisse lassen sich in Form eines Schaubilds darstellen:

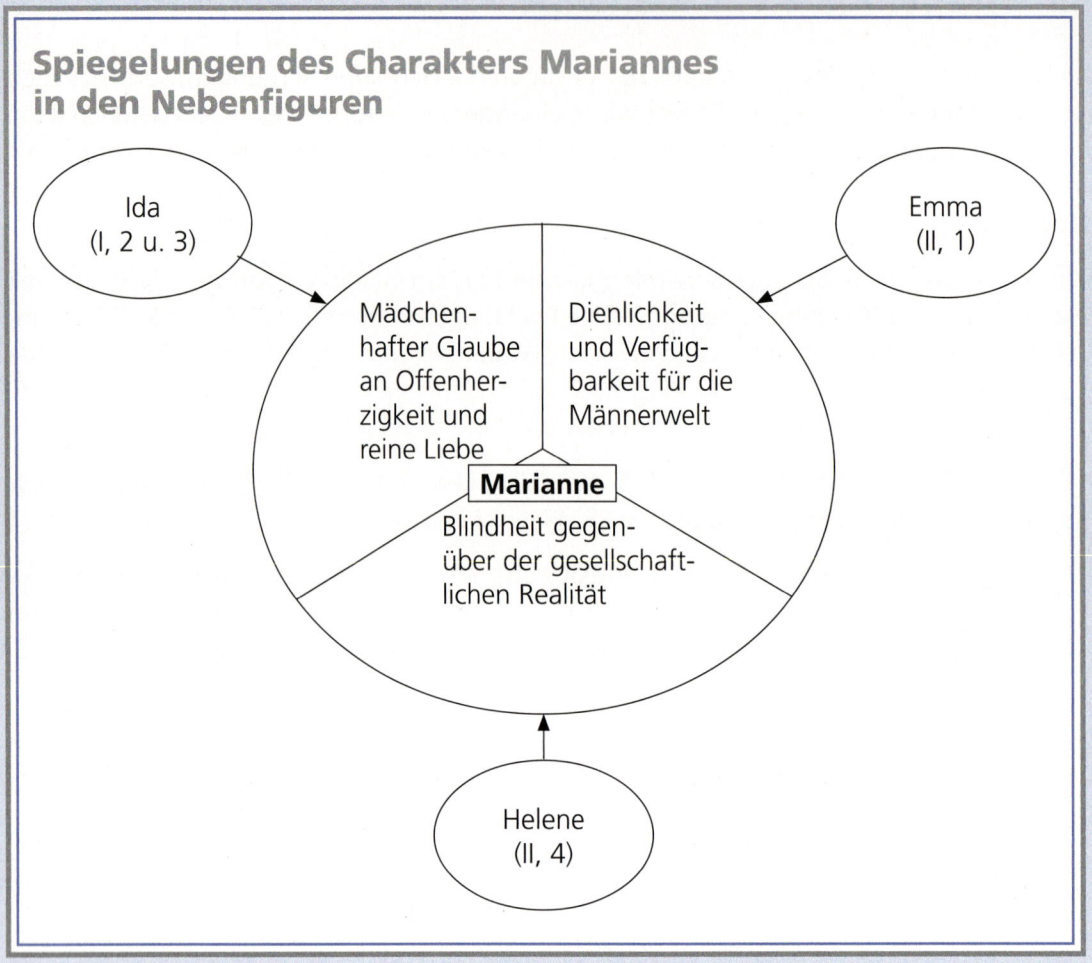

Spiegelungen des Charakters Mariannes in den Nebenfiguren

Ida (I, 2 u. 3)

Emma (II, 1)

Mädchenhafter Glaube an Offenherzigkeit und reine Liebe

Dienlichkeit und Verfügbarkeit für die Männerwelt

Marianne

Blindheit gegenüber der gesellschaftlichen Realität

Helene (II, 4)

Valerie wiederum kann in gewisser Hinsicht als Projektionsfigur Mariannes interpretiert werden, da sie das künftige Schicksal, das Marianne nach ihrer Hochzeit mit Oskar erwartet, vorwegnimmt.

Die verwitwete Betreiberin eines kleinen Tabakladens ist in materieller Hinsicht unabhängig. Allerdings leidet sie unter ihrem Alleinsein, weshalb sie sich immer wieder Männern ausliefert. Von diesen wird sie jedoch lediglich ausgenutzt. Es ist vor allem Erich, der sich von ihr aushalten lässt, sie aber nicht als Partnerin achtet, sondern sie fallen lässt, als er sie nicht mehr benötigt (vergleiche hierzu vor allem Szene III, 3, S. 87–88). Auch in anderer Hinsicht durchlebt Marianne fortwährend Demütigungen vonseiten der Männerwelt: Alfred entscheidet sich für die jüngere Marianne. Der Zauberkönig zeigt zwar durchaus Interesse an Valerie, dieses ist jedoch ausschließlich sexuell motiviert (S. 30, Z. 36 – S. 31, Z. 33, Z. 23). Seine mangelnde Ernsthaftigkeit wird auch durch die Tatsache unterstrichen, dass er in Gegenwart Valeries offen mit anderen Frauen flirtet (vergleiche unter anderem die Szene III, 1, S. 75).

Die Männer behandeln sie also in erster Linie als konsumierbare Ware. Im Gegensatz zu Marianne ist Valerie jedoch aufgrund ihrer ökonomischen Situation nicht gezwungen, sich zu prostituieren. Zudem demonstriert sie, dass auch sie die darwinistischen Spielregeln einer vom sexuellen Besitzstreben dominierten Gesellschaft verinnerlicht hat und ihrerseits anwendet: In Szene I, 3 gibt sie dem martialisch auftretenden jungen Erich den Vorzug vor dem älteren Zauberkönig (S. 33).

Erst der Auftritt Mariannes im „Maxim" macht ihr die auf die Sexualität verengte gesellschaftliche Rolle der Frauen bewusst, was bei ihr zu einem sicher auch in symbolischem Sinne zu verstehenden Zusammenbruch führt (S. 77–78). Sie bleibt jedoch die Einzige, die die Ausbeutung Mariannes erkennt und infrage stellt. Das männliche Publikum quittiert in Person des Misters die von ihr verursachte Unterbrechung der Vorstellung mit Pöbeleien (S. 77, Z. 23–24) und Gewalt (S. 77, Z. 6–27).

Eine Interpretation Valeries als Projektionsfigur Mariannes kann unter anderem durch folgenden Arbeitsauftrag angeregt werden:

■ *Lesen Sie nochmals die Szenen I, 3, III, 1 sowie III, 3 und arbeiten Sie heraus, wie der Autor die Figur „Valerie" charakterisiert. Diskutieren Sie auf der Grundlage Ihrer Textbefunde, inwieweit Valerie als Projektionsfigur der Zukunft verstanden werden kann, die Marianne am Ende des Stücks erwartet.*

Die Schülerlösungen können folgendermaßen visualisiert werden:

Das Schicksal Valeries – die Zukunft Mariannes?

Anders als die gesellschaftlich angepasste Valerie wehrt sich Marianne gegen die Rollenzumutungen einer von Sexualisierung und Materialismus beherrschten Gesellschaft, besitzt aber nicht die nötige ökonomische Basis für ein eigenständiges Leben.	Am Ende des Stücks ist der Widerstand Mariannes gebrochen: Sie fügt sich in die Ehe mit Oskar und akzeptiert damit zugleich die Werte der von ihm repräsentierten Männerwelt.

Resigniert schlägt Marianne schließlich den von Valerie vorgezeichneten Lebensweg ein.

Notizen

_____

_____

_____

_____

_____

_____

_____

_____

_____

_____

Mariannes Flucht aus der Fremdbestimmung

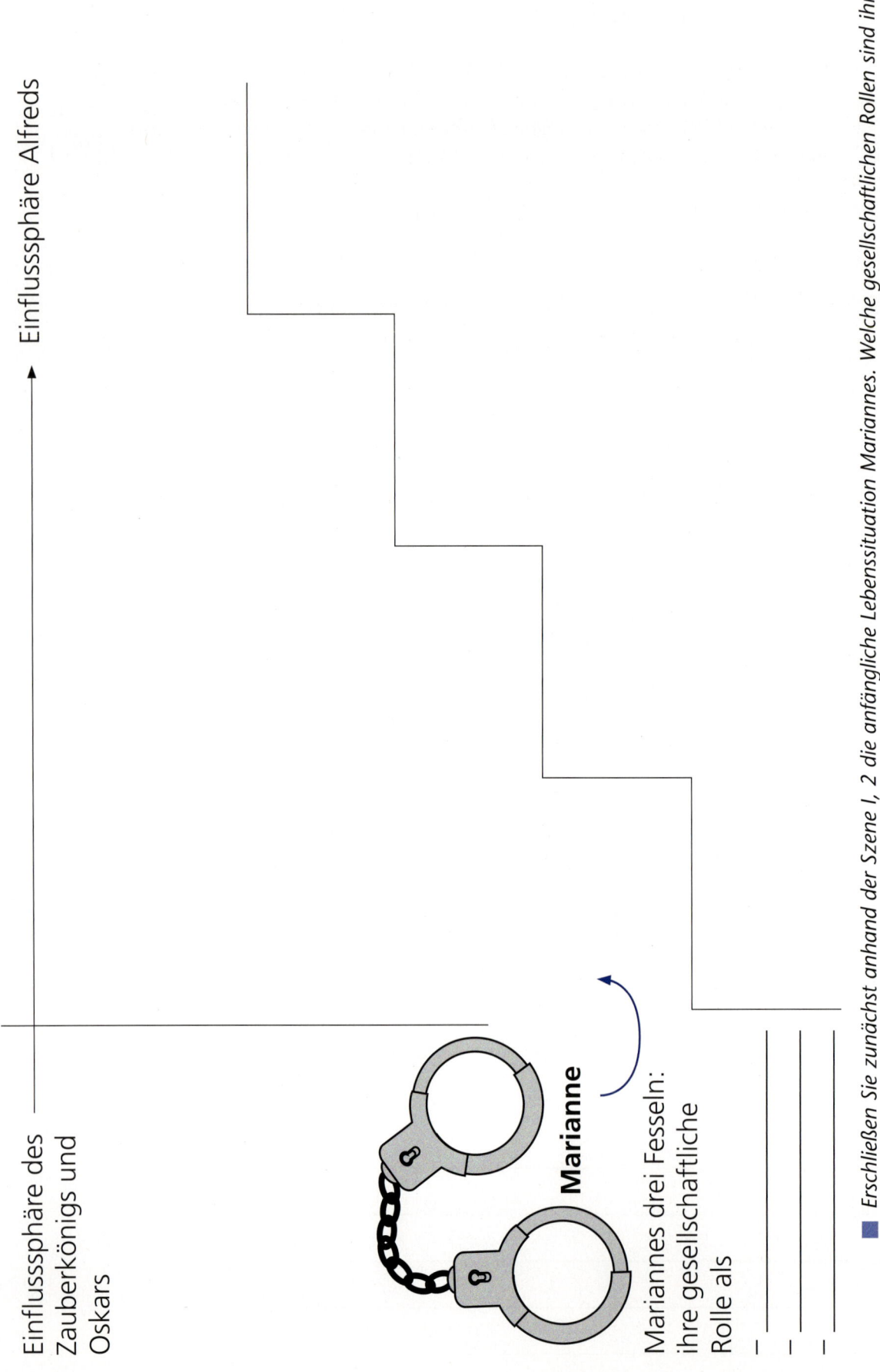

Einflusssphäre Alfreds

Einflusssphäre des Zauberkönigs und Oskars

Marianne

Mariannes drei Fesseln: ihre gesellschaftliche Rolle als

■ Erschließen Sie zunächst anhand der Szene I, 2 die anfängliche Lebenssituation Mariannes. Welche gesellschaftlichen Rollen sind ihr von ihrem Vater zugewiesen?

■ Arbeiten Sie die Etappen der Annäherung zwischen Marianne und Alfred heraus (Szenen II, 2–4) und machen Sie sich die dabei erkennbar werdende Bedeutung Alfreds für Marianne klar.

Standbild: Aufgabe für Gruppe I

Gruppenmitglieder:

_____

_____

■ *Stellen Sie das in der Szene I, 2 zum Ausdruck kommende Verhältnis zwischen Marianne und Alfred in Form eines aussagekräftigen Standbilds dar.*

Hinweise zur Ausführung:

1. Was ist ein Standbild?

Bei einem Standbild handelt es sich um eine Form der szenischen Darstellung. Es ist mit einem Denkmal vergleichbar, das durch bewegungslos verharrende Personen gebildet wird. Die im Standbild dargestellte Körpersprache (Körperhaltung, Mimik) dient zur nonverbalen Interpretation eines Figurenverhältnisses.

2. Wie gestaltet man das Standbild?

Lesen Sie die angegebene Szene und einigen Sie sich auf die wesentlichen Inhalte des Standbilds. Zwei Schüler übernehmen die Rollen Mariannes und Alfreds, die übrigen fungieren als Regisseure, die das Standbild gestalten, indem sie die beiden Darsteller entsprechend positionieren. Im Rahmen der anschließenden Präsentationsphase stellen sich die Gruppen gegenseitig ihre Standbilder vor. Dabei übernimmt jeweils ein Gruppenmitglied die Rolle des Sprechers.

3. Wie ist der zeitliche Ablauf zu organisieren?

Der Zeitplan stellt sich folgendermaßen dar:
10 Minuten Auswerten der Textstelle in Stillarbeit
15 Minuten Aussprache über Standbild
10 Minuten Aufbau
20 Minuten Präsentation und Diskussion

4. Welche Hilfsmittel sind erlaubt?

Neben den Möglichkeiten der Körpersprache (Haltung, Mimik, Gestik) können alle Requisiten benutzt werden, die sich im Klassenzimmer finden lassen (Tafel, Kleidungsstücke, Papier, …).

Standbild: Aufgabe für Gruppe II

Gruppenmitglieder:

_____

_____

■ *Stellen Sie das in der Szene I, 3 zum Ausdruck kommende Verhältnis zwischen Marianne und Alfred in Form eines aussagekräftigen Standbilds dar.*

Hinweise zur Ausführung:

1. Was ist ein Standbild?

Bei einem Standbild handelt es sich um eine Form der szenischen Darstellung. Es ist mit einem Denkmal vergleichbar, das durch bewegungslos verharrende Personen gebildet wird. Die im Standbild dargestellte Körpersprache (Körperhaltung, Mimik) dient zur nonverbalen Interpretation eines Figurenverhältnisses.

2. Wie gestaltet man das Standbild?

Lesen Sie die angegebene Szene und einigen Sie sich auf die wesentlichen Inhalte des Standbilds. Zwei Schüler übernehmen die Rollen Mariannes und Alfreds, die übrigen fungieren als Regisseure, die das Standbild gestalten, indem sie die beiden Darsteller entsprechend positionieren. Im Rahmen der anschließenden Präsentationsphase stellen sich die Gruppen gegenseitig ihre Standbilder vor. Dabei übernimmt jeweils ein Gruppenmitglied die Rolle des Sprechers.

3. Wie ist der zeitliche Ablauf zu organisieren?

Der Zeitplan stellt sich folgendermaßen dar:
10 Minuten Auswerten der Textstelle in Stillarbeit
15 Minuten Aussprache über Standbild
10 Minuten Aufbau
20 Minuten Präsentation und Diskussion

4. Welche Hilfsmittel sind erlaubt?

Neben den Möglichkeiten der Körpersprache (Haltung, Mimik, Gestik) können alle Requisiten benutzt werden, die sich im Klassenzimmer finden lassen (Tafel, Kleidungsstücke, Papier, …).

Standbild: Aufgabe für Gruppe III

Gruppenmitglieder:

_____

_____

■ *Stellen Sie das in der Szene I, 4 (S. 35–37) zum Ausdruck kommende Verhältnis zwischen Marianne und Alfred in Form eines aussagekräftigen Standbilds dar.*

Hinweise zur Ausführung:

1. Was ist ein Standbild?

Bei einem Standbild handelt es sich um eine Form der szenischen Darstellung. Es ist mit einem Denkmal vergleichbar, das durch bewegungslos verharrende Personen gebildet wird. Die im Standbild dargestellte Körpersprache (Körperhaltung, Mimik) dient zur nonverbalen Interpretation eines Figurenverhältnisses.

2. Wie gestaltet man das Standbild?

Lesen Sie die angegebene Szene und einigen Sie sich auf die wesentlichen Inhalte des Standbilds. Zwei Schüler übernehmen die Rollen Mariannes und Alfreds, die übrigen fungieren als Regisseure, die das Standbild gestalten, indem sie die beiden Darsteller entsprechend positionieren. Im Rahmen der anschließenden Präsentationsphase stellen sich die Gruppen gegenseitig ihre Standbilder vor. Dabei übernimmt jeweils ein Gruppenmitglied die Rolle des Sprechers.

3. Wie ist der zeitliche Ablauf zu organisieren?

Der Zeitplan stellt sich folgendermaßen dar:
10 Minuten Auswerten der Textstelle in Stillarbeit
15 Minuten Aussprache über Standbild
10 Minuten Aufbau
20 Minuten Präsentation und Diskussion

4. Welche Hilfsmittel sind erlaubt?

Neben den Möglichkeiten der Körpersprache (Haltung, Mimik, Gestik) können alle Requisiten benutzt werden, die sich im Klassenzimmer finden lassen (Tafel, Kleidungsstücke, Papier, …).

Standbild: Aufgabe für Gruppe IV

Gruppenmitglieder:

_____

_____

■ *Stellen Sie das in der Szene I, 4 (S. 37 – 39) zum Ausdruck kommende Verhältnis zwischen Marianne und Alfred in Form eines aussagekräftigen Standbilds dar.*

Hinweise zur Ausführung:

1. Was ist ein Standbild?

Bei einem Standbild handelt es sich um eine Form der szenischen Darstellung. Es ist mit einem Denkmal vergleichbar, das durch bewegungslos verharrende Personen gebildet wird. Die im Standbild dargestellte Körpersprache (Körperhaltung, Mimik) dient zur nonverbalen Interpretation eines Figurenverhältnisses.

2. Wie gestaltet man das Standbild?

Lesen Sie die angegebene Szene und einigen Sie sich auf die wesentlichen Inhalte des Standbilds. Zwei Schüler übernehmen die Rollen Mariannes und Alfreds, die übrigen fungieren als Regisseure, die das Standbild gestalten, indem sie die beiden Darsteller entsprechend positionieren. Im Rahmen der anschließenden Präsentationsphase stellen sich die Gruppen gegenseitig ihre Standbilder vor. Dabei übernimmt jeweils ein Gruppenmitglied die Rolle des Sprechers.

3. Wie ist der zeitliche Ablauf zu organisieren?

Der Zeitplan stellt sich folgendermaßen dar:
10 Minuten Auswerten der Textstelle in Stillarbeit
15 Minuten Aussprache über Standbild
10 Minuten Aufbau
20 Minuten Präsentation und Diskussion

4. Welche Hilfsmittel sind erlaubt?

Neben den Möglichkeiten der Körpersprache (Haltung, Mimik, Gestik) können alle Requisiten benutzt werden, die sich im Klassenzimmer finden lassen (Tafel, Kleidungsstücke, Papier, …).

Theater auf dem Theater

Theater auf dem Theater: In der Dramenhandlung verankertes Schauspiel auf der Bühne, das für diese deutende, kommentierende oder selbstreferentielle[1] Funktion übernehmen kann.

5 Das Theater auf dem Theater, also eine auf der eigentlichen Bühne dargestellte dramatische Handlung, verdoppelt die dramatische Kommunikationsstruktur, indem es diese auf der Bühne reproduziert und so Darsteller wiederum zu Darstellern und Zuschau-10 ern macht. Es macht innerhalb der primären eine zweite Fiktionsebene auf. Damit kann die primäre Dramenhandlung kommentiert, auf diese eingewirkt, oder sie in illusionsbrechender Weise als Inszenierung entlarvt werden.

Von den Dramen Shakespeares *(Hamlet, Ein Sommer-* 15 *nachtstraum)* übernahmen die Romantiker (Tieck: *Der gestiefelte Kater)* diese Möglichkeit, im Stück selbstreferenziell auf das dramatische Kommunikationsmodell zu verweisen. Die zusätzliche Fiktionsebene verweist zunächst auf das eigentliche Stück als Fiktion, 20 dann aber auch auf die Möglichkeiten der Wirkung von ‚Theater‘ auf ‚Realität‘.

_____
[1] auf sich selbst bezogene

http://www.li-go.de/definitionsansicht/drama/theateraufdemtheater1.html

■ *Geben Sie mit eigenen Worten wieder, was man unter einem „Theater auf dem Theater"*
versteht und welche Funktionen ihm zukommen können.

Das „Theater auf dem Theater" in Szene III, 1

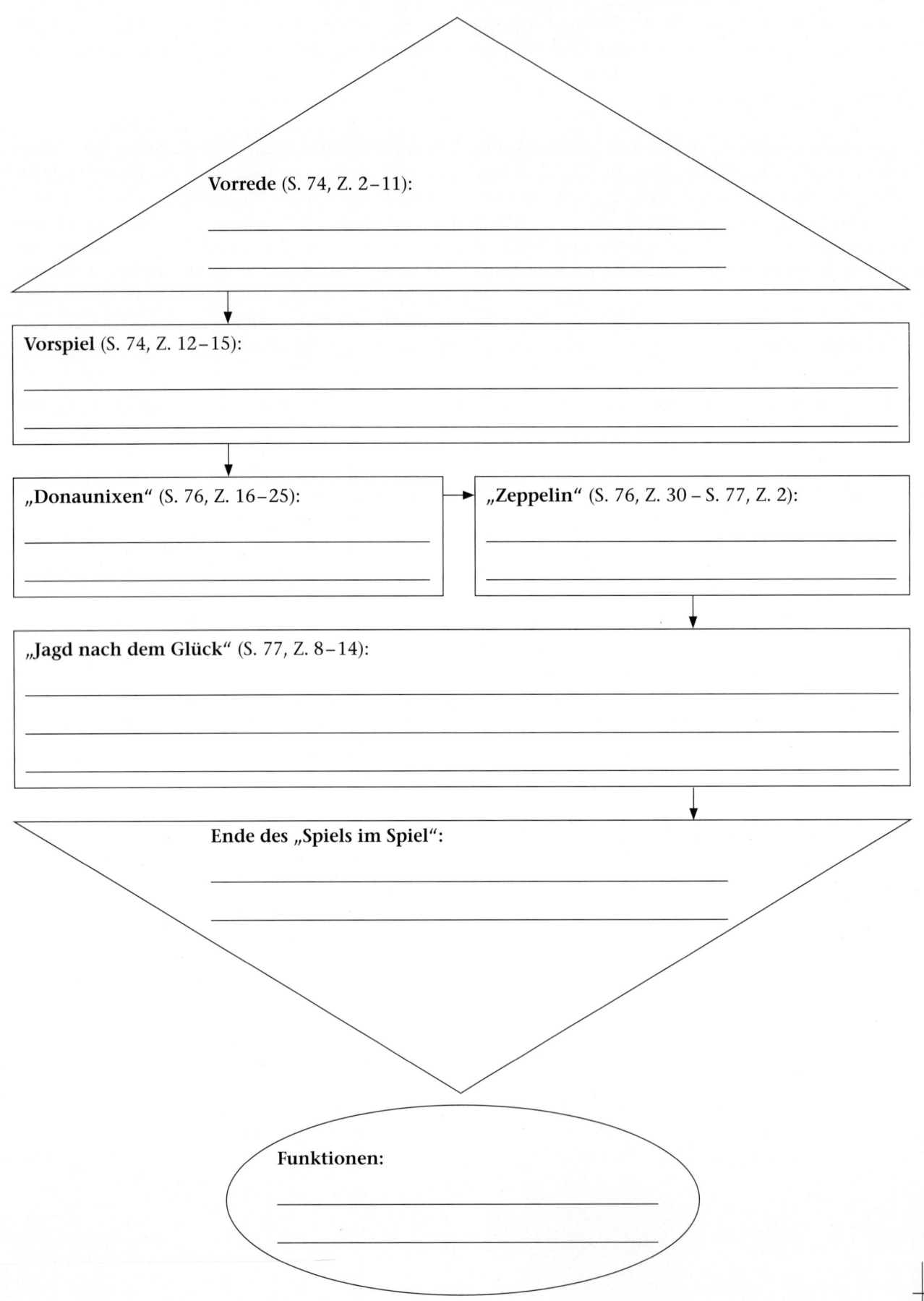

Vorrede (S. 74, Z. 2–11):

_____

_____

Vorspiel (S. 74, Z. 12–15):

_____

_____

„Donaunixen" (S. 76, Z. 16–25):

_____

_____

„Zeppelin" (S. 76, Z. 30 – S. 77, Z. 2):

_____

_____

„Jagd nach dem Glück" (S. 77, Z. 8–14):

_____

_____

_____

Ende des „Spiels im Spiel":

_____

_____

Funktionen:

_____

_____

Das „Theater auf dem Theater" in Szene III, 1 (Lösung)

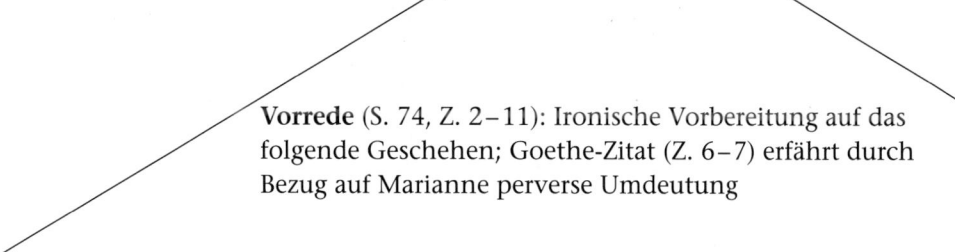

Vorrede (S. 74, Z. 2–11): Ironische Vorbereitung auf das folgende Geschehen; Goethe-Zitat (Z. 6–7) erfährt durch Bezug auf Marianne perverse Umdeutung

Vorspiel (S. 74, Z. 12–15): Erste, noch harmlos wirkende Tanzeinlage führt Elemente ein, die in den drei folgenden Auftritten ins Groteske übersteigert werden: Walzermusik, Frauen als Akteure, traditionelle Militärmusik

„Donaunixen" (S. 76, Z. 16–25): Halbnackte Wassernixen als Symbol für die erotische Verführung; Farbgestaltung als grotesker Kontrast zur „blauen Donau"

„Zeppelin" (S. 76, Z. 30 – S. 77, Z. 2): Drei nackte Mädchen posieren zum Thema „Zeppelin" (= Symbol für männliche Sexualität), begleitet von martialischer Musik; Publikum reagiert mit kraftmeierischem Liedgut

„Jagd nach dem Glück" (S. 77, Z. 8–14): Romantische Musik von Schumann wirkt grotesk; nackte Mädchen kämpfen rücksichtslos darum, das Glück zu erjagen; Marianne personifiziert das Glück; dabei steht sie wacklig auf einem Bein auf einer Kugel = dauerhaftes Glück lediglich Illusion

Ende des „Spiels im Spiel": Zusammenbruch Valeries (S. 77), Erschrecken und Sturz Mariannes; diese „starrt [...] in den Zuschauerraum" (Z. 19–20) → Durchbrechung der Theaterillusion

Funktionen: Kommentierung bzw. Deutung der wichtigsten Motive des Dramas

Die Kleinbürger und ihre Sprache

Das zentrale soziale Sujet der Volksstücke Ödön von Horváths bildet das Kleinbürgertum. Dabei versteht sich der Dramatiker als Zeitkritiker, der die Defizite und Fehlentwicklungen im zeitgenössischen Bürgertum satirisch aufdeckt: Er demaskiert eine geradezu primitive Züge tragende, im innersten materialistische Grundeinstellung der Kleinbürger, die vor allem nach gesellschaftlichem Ansehen streben und Frauen lediglich als Konsumartikel und als Projektionsfläche einer übersteigerten Sexualität wahrnehmen. Gleichzeitig betrachtet er die Mittelschicht als eine für rechtsextreme Tendenzen besonders anfällige Gruppe, die den politischen Aufstieg des Faschismus beziehungsweise des Nationalsozialismus begünstigt. In diesem Zusammenhang bildet auch die sprachliche Gestaltung ein wesentliches Werkzeug zur Entlarvung innerer Einstellungen: Mit großer Präzision seziert Horváth die kleinbürgerliche Kommunikation und deckt dahinter verborgene innere Einstellungen auf.

4.1 Die Definition des Begriffs „Kleinbürger"

Bevor man den Dramentext auf Horváths Charakterisierung des Kleinbürgers hin untersucht, sollte zunächst eine allgemeine und konsensfähige Definition des Begriffs eingeführt werden. In diesem Zusammenhang ist von Bedeutung, dass Horváth den Begriff des „Kleinbürgers" weitgehend synonym zum moderneren Begriff der „Mittelschicht" verwendet. In seiner „Gebrauchsanweisung" stellt er sogar fest, dass Deutschland – und damit auch Österreich – „zu neunzig Prozent aus vollendeten oder verhinderten Kleinbürgern" bestehe (Horváth: Gebrauchsanweisung, in: Traugott Krischke (Hrsg.): Materialien zu Ödön von Horváth, Frankfurt a. Main 1970, S. 51–56, dort S. 54). Der gewählte Begriff enthält jedoch anders als „Mittelstand" eine wertende Komponente, da der Wortbestandteil „klein" unwillkürlich negative Assoziationen wie „kleinlich" oder auch „eingeschränkt" weckt.

Der erste Schritt zur genaueren Bestimmung des von Horváth intendierten Begriffsinhaltes besteht darin, die Schülerinnen und Schüler ihr einschlägiges Vorwissen zusammentragen zu lassen.

■ *Notieren Sie in Stichworten, was Sie unter einem „Kleinbürger" verstehen.*

 Erfahrungsgemäß wird die überwiegende Zahl der Schülerbeiträge vor allem in die Richtung einer mentalitätsbezogenen Charakterisierung des Kleinbürgertums gehen. Dabei werden die Schülerinnen und Schüler wahrscheinlich auch Parallelen zum Begriff des „Spießbürgers" ziehen. Dies wäre ebenfalls völlig im Sinne Horváths, der ein Jahr vor den „Geschichten aus dem Wiener Wald" einen Roman mit dem Titel „Der ewige Spießer" veröffentlichte. Je nach dem Umfang des vorhandenen geschichtlichen Wissens sind aber auch Hinweise auf die historische Entstehungsgeschichte dieser Gesellschaftsschicht zu erwarten.

Anschließend kann ein Lexikonbeitrag (**Arbeitsblatt 19**, S. 83) ausgewertet werden, der sich mit dem Begriff der „Mittelschicht" in historischer und sozialpsychologischer Perspektive auseinandersetzt.

■ *Informieren Sie sich mithilfe des Sachtexts über den Begriff „Mittelschicht" und zeigen Sie, welche der Definitionsmerkmale auf die Figuren in den „Geschichten aus dem Wiener Wald" zutreffen.*

Bei der Besprechung könnten unter anderem die folgenden Aspekte genannt werden:

● Die meisten Figuren im Drama lassen sich aufgrund ihres jeweiligen beruflichen beziehungsweise sozialen Status eindeutig der Mittelschicht zuordnen.

● Der Aufstiegswille der Kleinbürgerschicht zeigt sich unter anderem darin, dass Hochzeiten vor allem der sozialen Verbesserung dienen sollen (Szene I, 1, S. 7, Z. 19) und verpasste Karrierechancen wie die aufgrund des Kriegsendes ausgebliebene Beförderung des Rittmeisters (Szene I, 2, S. 15, Z. 1–2) als wunder Punkt im Lebenslauf wahrgenommen werden.

● Die den Mittelstand betreffende soziale Krise wird im Stück nur angedeutet, ist aber als bedrohlicher Hintergrund jederzeit präsent. So spricht Alfred in Szene I, 1 von „Krise und Wirbel" (S. 5, Z. 22), und der Absatz seiner Kosmetikartikel leidet unter dem Geldmangel bei den Kunden (Szene II, 2, S. 43, Z. 21). Dem Zauberkönig wiederum wird es „manchmal ganz pessimistisch" (Szene I, 3, S. 31, Z. 24–25), wenn er an die Zukunft denkt.

● Das Denken der Kleinbürger im Stück wird in vielfacher Hinsicht von einem traditionalistischen Weltbild geprägt. Das zeigt sich beispielsweise in der Verteidigung einer patriarchalischen Rollenverteilung vonseiten der Männer (z. B. Szene I, 3, S. 24, Z. 18–20 u. Z. 21–23).

● Faschistische Denkschemata beziehungsweise deren Vorformen zeigen sich nicht nur bei Erich, einem bekennenden Nationalsozialisten, sondern auch bei anderen Figuren. So gibt beispielsweise Valerie ausdrücklich rassistisches und antisemitisches Gedankengut zu erkennen (Szene I, 3, S. 27, Z. 18 u. 28).

Das konkrete Niveau des Erwartungshorizonts sollte sich an dem Leistungsniveau der Lerngruppe orientieren.

4.2 Die Ökonomisierung des Daseins

Denken und Handeln der in den „Geschichten aus dem Wiener Wald" porträtierten Gesellschaft werden von einem tiefgreifenden Prozess der Ökonomisierung bestimmt. Unter einer dünnen zivilisatorischen Kruste deckt Horváth den blanken Materialismus des Kleinbürgertums auf und erweist sich somit als vorausschauender Kritiker eines seelenlosen Kapitalismus. Materialistisches Zweckdenken bildet offenbar das allgemeine Grundmotiv der im Stück handelnden Personen.

Besonders deutlich tritt die Perspektive Horváths schon in der Eingangsszene zutage: In allen persönlichen Beziehungen spielen monetäre Aspekte eine zentrale Rolle. So wird das Verhältnis zwischen Valerie und Alfred durch eine unehrliche Wettabrechnung getrübt (S. 9 – 10). Dabei personifiziert Alfred, der aus Renditegründen eine sichere Stellung bei der Bank aufgegeben hat und sich nun mit Pferdewetten beschäftigt (S. 6, Z. 18–23), geradezu das kapitalistische Prinzip der Gewinnmaximierung. Auch das „Kabriolett" Ferdinand Hierlingers (S. 5, Z. 23–25, S. 8, Z. 5–6) dürfte als materielles Statussymbol kein unwesentliches Bindeglied zwischen ihm und seiner Begleiterin Valerie darstellen. Selbst der familiäre Bereich, eigentlich ein seelischer Schutzraum gegen den gesellschaftlichen Egoismus, wird von kapitalistischen Handlungsmaximen durchzogen. So wünscht sich die Mutter Alfreds für ihren Sohn eine materiell gut gestellte Heiratspartie (S. 7, Z. 19–20). Die Großmutter wiederum fordert von ihrem Enkel geliehenes Geld als Reserve für die eigene Beerdigung zurück, da sie nicht auf Almosen angewiesen sein will (S. 11, Z. 19–27).

■ *Zeigen Sie anhand der Szene I, 1, inwieweit ökonomische Faktoren die inner- und außerfamiliären Beziehungen der auftretenden Personen prägen.*

Die wesentlichen Ergebnisse können im folgenden Tafelbild festgehalten werden:

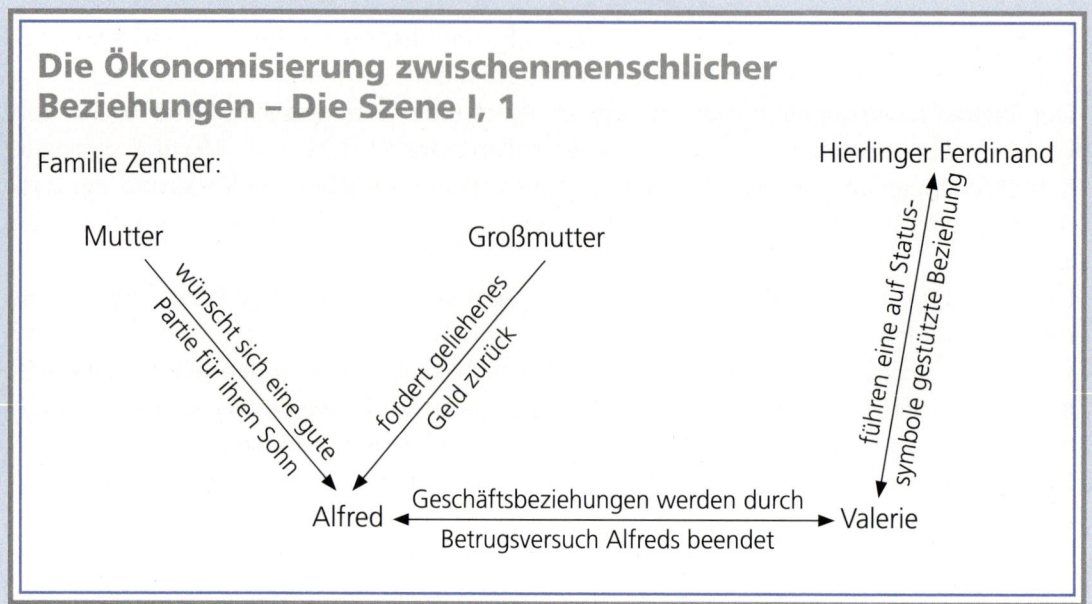

Die Thematik einer durchökonomisierten Gesellschaft kann angesichts ihrer Aktualität in Form von Schülerreferaten inhaltlich erweitert beziehungsweise ergänzt werden. So könnte beispielsweise das Werk „Haben oder Sein" des Psychologen Erich Fromm in seinen Hauptthesen vorgestellt und in einen Bezug zu dem von Horváth gezeichneten Gesellschaftsbild gesetzt werden. Eine konkrete Themenstellung findet sich am Ende des Bausteins.

4.3 Das Frauenbild

Die Rückwärtsgewandtheit des kleinbürgerlichen Gesellschaftsbildes demonstriert Horváth vor allem anhand des Frauenbilds der männlichen Vertreter im Stück. Dieses ist zum einen geprägt von einer traditionalistischen Rollenverteilung zwischen den Geschlechtern, zum anderen von einer hochgradigen Sexualisierung, die das Beziehungsdenken der Männer bestimmt und dementsprechend die Frauen zu Konsumobjekten degradiert.
Beide Aspekte dieses Frauenbilds können über eine Charakterisierung des Zauberkönigs erarbeitet werden. Der Zauberkönig bekennt sich offen zum Patriarchat (Szene I, 2, S. 23, Z. 33). Seine Tochter Marianne dient ihm insofern als Ersatz für seine verstorbene Frau, als sie sich um den Haushalt kümmert (S. 15–17) und im Laden als Verkäuferin tätig ist (S. 15). Als sie ihre Unzufriedenheit mit der Wahl Oskars zu ihrem Bräutigam zeigt (S. 19, Z. 23), legt ihr Vater dies als „Übermut" (S, 19, Z. 26) aus und warnt Oskar davor, jemals die Autorität über die künftige Ehefrau zu verlieren (S. 19, Z. 34). Sein auf körperliches Besitzen und Benutzen ausgerichteter männlicher Sexualtrieb wiederum dominiert sein Verhalten in Beziehungssituationen: So wird sein Flirt mit Valerie (Szene I, 3, S. 31–33) bestimmt von voyeuristischer Lust (S. 31, Z. 5–6, Z. 32) und sinnlichem, unbeherrschtem Verlangen (S. 31, Z. 13–15, S. 33, Z. 1).
Die aufgeführten Gesichtspunkte lassen sich mit folgendem Arbeitsauftrag in Einzel- oder Partnerarbeit zusammenstellen:

■ *Analysieren Sie das Frauenbild des Zauberkönigs auf der Basis der Szenen I, 2 und I, 3 und fertigen Sie eine systematische Charakterisierung an.*

Das Frauenbild des Zauberkönigs

Traditionalistisches Rollenbild:

● Verteidigung des Patriarchats (Szene I, 2, S. 23, Z. 33)

● Tochter ersetzt Mutter in Haushalt und Geschäft (Szene I, 2, S. 15–17)

● Selbstbestimmung Mariannes wird abgelehnt (Szene I, 2, S. 19)

Frauen als Konsumobjekt:

Flirt mit Valerie geprägt von Voyeurismus und unbeherrschtem Verlangen (Szene I, 3, S. 31–33)

Das Frauenbild des Zauberkönigs ist geprägt von kleinbürgerlicher Denkungsart.

Zur Vertiefung der Thematik bietet sich außerdem folgender kreativer Schreibanlass an:

■ *Erstellen Sie eine gefällig wirkende Kontaktanzeige des Zauberkönigs, in der jedoch zwischen den Zeilen sein wahres Frauenbild zum Ausdruck kommt.*

4.4 Die Nähe zum Faschismus

Als die „Geschichten aus dem Wiener Wald" 1931 uraufgeführt wurden, waren die Nationalsozialisten in Deutschland zwar noch nicht an die Macht gelangt, dennoch zeigte die totalitäre Rechte in Europa bereits eine starke Präsenz: In Italien hatte Benito Mussolini seit 1921 sein faschistisches System errichtet, und auch in anderen Ländern von Portugal bis Polen hatten sich autoritäre Regimes beziehungsweise Militärdiktaturen etabliert. Dabei erwiesen sich immer wieder gerade die durch Wirtschaftskrisen und den in Russland an die Macht gekommenen Sowjetkommunismus verunsicherten bürgerlichen Mittelschichten als Steigbügelhalter für den Aufstieg rechter Diktatoren.

Horváth setzte sich in seinen Werken mehrfach in warnender Weise mit dem Geist der rechtsgerichteten Strömungen auseinander, so zum Beispiel in der Erzählung „Jugend ohne Gott" oder auch in dem Theaterstück „Italienische Nacht". In den „Geschichten aus dem Wiener Wald" stellt die Person Erichs die deutlichste Bezugnahme auf diese Problematik dar. Dieser wird nicht nur in seiner politischen Einstellung, sondern auch in seinen Charakterzügen als Prototyp des Nationalsozialisten beschrieben. Eine systematische Charakterisierung Erichs soll zeigen, welche Zusammenhänge Horváth zwischen dem Rechtsextremismus und der Mentalität der Kleinbürger seiner Zeit erkannte.

Als gedankliche Annäherung kann ein kurzes Brainstorming stattfinden, das die Grundlage für ein entsprechendes Unterrichtsgespräch bildet:

■ *Welche typischen individuellen Charaktereigenschaften begünstigten Ihrer Ansicht nach den Aufstieg des Nationalsozialismus?*

Unter anderem werden folgende Attribute zur Sprache kommen:

Intoleranz, Rassismus, Brutalität, Falschheit, Gewaltbereitschaft, blinder Gehorsam, Rücksichtslosigkeit, Kriegsbegeisterung, Fanatismus, …

Anschließend wird zur konkreten Textarbeit übergeleitet. Zur Charakterisierung Erichs bietet sich die Durchführung eines sogenannten Expertengesprächs an. Bei dieser Methode werden die gestellten Aufgaben auf „Expertengruppen" verteilt und von diesen bearbeitet. Nach Beendigung dieses Arbeitsschritts werden neue Gruppen gebildet, in denen je ein Experte für jede Aufgabe mitarbeitet und in denen jeder Experte den anderen die wichtigsten Ergebnisse aus seinem „Spezialgebiet" vorstellt.

 Schema des Expertengesprächs:

Phase 1: Erarbeitungsphase   Phase 2: Präsentationsphase

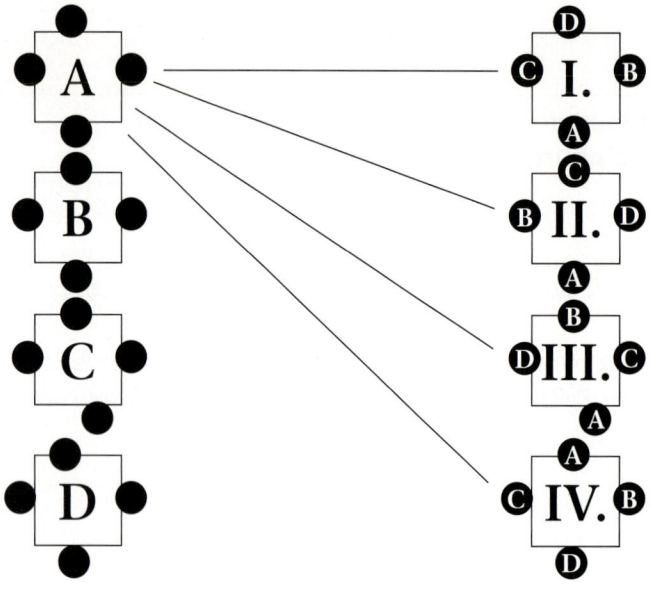

Schema nach Einecke: http://www.fachdidaktik-einecke.de/7_Unterrichtsmethoden/expertpuzzle_neu.htm

Folgende Arbeitsaufträge für die Expertengruppen finden sich auch als Kopiervorlage auf **Arbeitsblatt 20**, S. 84:

Expertengruppe A:

■ *Zeigen Sie anhand der Szene I, 3, inwieweit Erich als typischer Vertreter des Nationalsozialismus angesehen werden kann.*

Expertengruppe B:

■ *Zeigen Sie anhand der Szene II, 6, inwieweit Erich als typischer Vertreter des Nationalsozialismus angesehen werden kann.*

Expertengruppe C:

■ *Zeigen Sie anhand der Szene III, 1, inwieweit Erich als typischer Vertreter des Nationalsozialismus angesehen werden kann.*

Expertengruppe D:

■ *Zeigen Sie anhand der Szene III, 3, inwieweit Erich als typischer Vertreter des Nationalsozialismus angesehen werden kann.*

Alternativ können die Charakterzüge Erichs auch in Form einer arbeitsteiligen Gruppenarbeit oder sukzessive in systematischer Textarbeit erschlossen werden.

Folgende Lösungen sind zu erwarten:

Gruppe A:
- Erich bekennt sich offen als Anhänger der NS-Rassenlehre (S. 27, Z. 16–17, 19–22).
- Seine Mitgliedschaft im akademischen Wehrverband (S. 33, Z. 15), seine Schießübungen (S. 33–34) sowie seine Kriegsbegeisterung (S. 34, Z. 24) entspringen einer militaristischen Gesinnung.
- Seine Neigung zu einer „reiferen Frau" (S. 34, Z. 10) lässt sich als mangelndes Selbstbewusstsein deuten, das einer starken Führungspersönlichkeit bedarf.

Gruppe B:
- Die vom Rittmeister wahrgenommene Unreife und Unwissenheit Erichs (S. 58, Z. 2, S. 59, Z. 1–2 u. Z. 12–14) versinnbildlicht die Naivität und Verführbarkeit der jungen Hitler-Anhänger.
- Die übertriebene Betonung der persönlichen Ehre (S. 58, Z. 12) erinnert an vergleichbare Aussagen der NS-Propaganda.
- Erich ist Antisemit (S. 59, Z. 4–5).
- In der Auseinandersetzung mit dem Rittmeister über Ursachen und Verlauf des Ersten Weltkriegs stellt Erich die auch von der NS-Ideologie in Anspruch genommene preußische Tradition als zentrales Element seiner Identität heraus.

Gruppe C:
- Der betrunkene Zustand Erichs (S. 67–68) spielt auf die ersten Erfolge Hitlers als Redner in Münchner Bierkellern und auf die dort vertretene Klientel der NSDAP an.
- Erichs Sich-Selbst-Kommandieren im Rausch (S. 67, Z. 27–28) steht für die sinnentleerte Disziplin des NS-Militarismus.
- Erich „frisst exorbitant" (S. 68, Z. 7) und verkörpert damit gleichermaßen die Maßlosigkeit des nationalsozialistischen Machtanspruchs wie auch die persönliche Habgier der NS-Bonzen.
- Der „chronische Rachenkatarrh" Erichs (S. 68, Z. 14–15) könnte durchaus auf eine schwache Physis hindeuten. Erichs kraftmeierische Posen werden dadurch als Kompensation entlarvt.

Gruppe D:
- Erichs korrekte Buchführung selbst über Nichtigkeiten (S. 87, Z. 31–33) lässt ihn als kleingeistige Krämernatur erscheinen.
- Die von Erich behauptete und durch den Handlungszusammenhang widerlegte persönliche Anständigkeit (S. 87, Z. 35) ist direkt auf den Nationalsozialismus übertragbar, hinter dessen Fassade einer bürgerlichen Wohlanständigkeit sich niedere verbrecherische Instinkte verbergen.
- Hinter dem Rücken von Valerie erweist sich Erich als zutiefst vulgär und hinterhältig (S. 88, Z. 1–2).

4.5 Die Sprache der Kleinbürger

Die Sprache bildet ein zentrales dramaturgisches Demaskierungsmittel Horváths. Von Bedeutung ist im Werkzusammenhang besonders der „Bildungsjargon", mit dem die Kleinbürger die höhere Bildungssprache zu imitieren versuchen und dadurch ihre sozialen Aufstiegsaspirationen zu erkennen geben. Letztlich artikulieren sie jedoch nur „angelernte[n] Bildungsbrei"[1], der nicht authentisch, sondern nur aufgesetzt wirkt und den Mangel an echtem Wissen beziehungsweise an innerer Haltung überdecken soll.

Diese Feststellung lässt sich beispielsweise anhand des Sprachgebrauchs des Rittmeisters demonstrieren, der mit seinem gewählten, aber nur angelernt wirkenden Bildungswortschatz seine verpasste Beförderung zum Major (Szene I, 2, S. 15, Z. 1–2) kompensiert.

Dem Unterrichtsgespräch könnte folgender Arbeitsauftrag zugrunde liegen:

■ *Stellen Sie einen Zusammenhang zwischen charakteristischen Kennzeichen des Sprachgebrauchs des Rittmeisters in Szene I, 2 und seiner sozialen Position her.*

Die Ergebnisse werden an der Tafel zu einem Schaubild zusammengetragen:

Der Bildungsjargon des Rittmeisters

Der Rittmeister in Szene I, 2

Charakteristischer Sprachgebrauch:

- fremdsprachige Ausdrücke: „First class" (S. 13, Z. 7), „Niveau" (S. 13, Z. 18), „in spe" (S. 17, Z. 24);
- hochsprachlich-stilisierte Ausdrucksebene: „Ist er derjenige, welcher?" (S. 13, Z. 11);
- bürokratisch wirkende Formulierungen: „herumtransferiert" (S. 13, Z. 17), „Menschlichem Ermessen nach" (S. 15, Z. 5);
- unpersönliche Satzkonstruktionen: „man" (S. 14, Z. 32 und S. 16, Z. 4);
- tiefere Einsichten vermittelnde Sinnsprüche: „Wir müssen alle mal fort" (S. 13, Z. 25), „Wieder ein Jahr […] im Galopp" (S. 14, Z. 3–4)

Soziale Situation:

- Unzufriedenheit mit ausgebliebener Beförderung zum Major (S. 15, Z. 1–2);
- Lotteriespielen einzige Hoffnung auf sozialen Aufstieg (S. 14, Z. 18–28)

Gebrauch des **Bildungsjargons**
(= künstliche Aneignung bildungs- und hochsprachlicher Elemente) zum Zwecke sozialer Kompensation

---

[1] Emrich, Wilhelm: Die Dummheit oder das Gefühl der Unendlichkeit, S. 144

Neben der konkreten verbalen Ausgestaltung wird das Sprechen der Horváth'schen Kleinbürger auch von einer typischen Strategie der Gesprächsführung bestimmt, die in vielen Szenen geprägt ist von Unehrlichkeit und Kommunikationsverweigerung. Ein besonders bezeichnendes Exempel bietet die Szene II, 2: Während Marianne um ein aufrichtiges Beziehungsgespräch mit Alfred bemüht ist, blockt dieser auf jede mögliche Weise ab und verhindert damit eine erfolgreiche Kommunikation.

Eine Analyse des Dialog-Mittelteils zwischen Marianne und Alfred erfolgt über diesen zweischrittigen Arbeitsauftrag, für den sich Still- oder Partnerarbeit anbietet:

■ *Szene II, 2: Untergliedern Sie den Hauptteil des Dialogs zwischen Marianne und Alfred (S. 43, Z. 13–45, Z. 7) entsprechend den unterschiedlichen Gesprächsgegenständen.*

■ *Zeigen Sie, welche Kommunikationsversuche Marianne unternimmt und wie Alfred jeweils darauf reagiert.*

Die Ergebnisse werden in einem Tafelbild zusammengestellt:

Szene II, 2: Die gescheiterte Kommunikation zwischen Marianne und Alfred

Gesprächsinhalt	Kommunikationsversuch Mariannes	Blockadetaktik Alfreds
Alfreds fehlende berufliche Perspektive als Kosmetikverkäufer (S. 43, Z. 13–44, Z. 5)	wirbt um Verständnis für wirtschaftliche Lage	sucht die Schuld im angeblichen Egoismus Mariannes, lenkt Gespräch auf seine Wäsche
Zukunft des Kindes (S. 43, Z. 6–16)	macht entschieden deutlich, dass sie das Kind nicht weggeben will	schweigt vielsagend, lenkt abermals das Gespräch auf die Wäsche
Jahrestag der ersten Begegnung (S. 44, Z. 17–32)	will gemeinsame Erinnerung wach halten	will sich kaum erinnern können
Einsamkeit Mariannes (S. 44, Z. 33–46, Z. 7)	weint in Erwartung von Verständnis	lenkt das Gespräch auf das Schicksal des Kindes, zeigt allenfalls Verständnis für Mariannes „mütterlichen Egoismus"

Die Endphase des Gesprächs besteht im Grunde ausschließlich aus elementaren Kommunikationsbarrieren. Als Gründe für das Scheitern des Kommunikationsprozesses sollten vonseiten der Schülerinnen und Schüler folgende Aspekte genannt werden:

● Eine akustisch uneindeutige Situation führt dazu, dass Marianne meint, eine Beschimpfung vonseiten Alfreds gehört zu haben (Z. 12), was dieser abstreitet (Z. 13).
● Alfred verweigert demonstrativ die Kommunikation (Z. 15, 17).
● Der Vorwurf der Dummheit wertet Marianne als Gesprächspartnerin ab (Z. 18–23).
● Alfred streitet früher gemachte Aussagen ab (Z. 27–29).
● Alfred übernimmt Formulierungen Mariannes, wenn es ihm zu ihrer Abwieglung opportun erscheint (Z. 31 gegenüber S. 44, Z. 6–7).
● Sorgen und Einwände Mariannes werden von Alfred nicht ernst genommen (Z. 32, 34).

Ein entsprechender Arbeitsauftrag für die Texterschließung in Einzel- oder Partnerarbeit lässt sich folgendermaßen formulieren:

> ■ *Szene II, 2: Analysieren Sie den Schlussteil des Dialogs zwischen Marianne und Alfred (S. 45, Z. 8 – 35) und zeigen Sie, an welchen Faktoren die Kommunikation scheitert.*

Abschließend sollte im Plenum ein knappes Fazit formuliert werden:

> ■ *Bewerten Sie das Kommunikationsverhalten Alfreds und stellen Sie einen Zusammenhang zum Motto des Stücks her (S. 4).*

Fazit: Alfred kann als Prototyp des Horváth'schen Kleinbürgers angesehen werden, da er sich zu keinem Zeitpunkt des Gesprächs auf eine offene Kommunikation einlässt. Ihm fehlt nämlich die Bereitschaft zur Selbstreflexion und damit zur Infragestellung seiner egoistischen Grundeinstellung, was er ironischerweise seinerseits Marianne vorwirft. Somit ermöglicht es ihm gerade seine „Dummheit", also seine Borniertheit und Beschränktheit, eine überlegene, nicht kritisierbare Haltung gegenüber seiner Gesprächspartnerin einzunehmen.

Themenvorschlag für ein Schülerreferat:

● Erich Fromms „Haben oder Sein": Stellen Sie die wichtigsten Thesen des Psychologen vor und zeigen Sie Zusammenhänge zur Gesellschaftskritik Horváths in den „Geschichten aus dem Wiener Wald" auf.

Notizen

_____

_____

_____

_____

_____

_____

_____

_____

_____

_____

_____

_____

_____

_____

Lexikonartikel zum Begriff „Mittelstand"

Alter und neuer Mittelstand

Vor dem Hintergrund der schnellen Entwicklung der Beamten- und Angestelltenschaft seit dem Ende des 19. Jahrhunderts wird zwischen dem **alten Mittelstand** und dem **neuen Mittelstand** unterschieden.
5 Dem „alten" Mittelstand werden die selbstständigen Inhaber gewerblicher, kaufmännischer und landwirtschaftlicher Mittel- und Kleinbetriebe zugerechnet (d.h. große Teile des alten Bürgertums), ferner die freien Berufe, die höhere Beamtenschaft und die Ren-
10 tiers; der „neue" Mittelstand umfasst auch Gruppen, die aufgrund der industriellen Entwicklung neu entstanden sind: v.a. die mittleren und unteren Angestellten sowie die qualifizierten Facharbeiter. Durch die verstärkte vertikale Mobilität seit der industriellen
15 Revolution hat sich der Mittelstand stark ausgedehnt. Mit der Einbeziehung sozialpsychologischer Faktoren bei der Definition des Mittelstands (Zugehörigkeitsgefühl zum Mittelstand, Mittelstandsgesinnung mit entsprechendem Gesellschaftsbild, Aufstiegsori-
20 entierung) wurde der Begriff auch zu einer politischen Kategorie.
Historisch gesehen ging der Mittelstand aus dem Handwerk hervor, dessen Existenzgrundlage seit der Mitte des 18. Jahrhunderts durch eine starke Bevöl-
25 kerungsvermehrung, steigende Bodenrente und Nahrungsmittelpreise, verschärften Konkurrenzdruck und stagnierende Reallöhne fundamental infrage gestellt wurde, noch bevor die industrielle Revolution viele Handwerksbetriebe zu bloßen Zulieferer-
30 und Reparaturbetrieben machte. Im Gefolge des Ersten Weltkrieges sowie der Weltwirtschaftskrise geriet der Mittelstand in schwere soziale Bedrängnis; soziale Unsicherheit, v.a. in Verbindung mit traditionalistischen Denkweisen und oft zu beobachtender unkri-
35 tischer Autoritätsgläubigkeit, machten besonders den „alten" Mittelstand anfällig für faschistische und (in Deutschland) nationalsozialistische Denkschemata. Nach S. M. Lipset führen Mittelstandskrisen häufiger zu einem „Extremismus der Mitte". Unter
40 dem Eindruck dieser Erfahrungen wurde nach dem Zweiten Weltkrieg in den Demokratien mit einer pluralistischen Gesellschaftsstruktur der Mittelstand neben anderen gesellschaftlich bedeutsamen Schichten besonders gefördert.

http://lexikon.meyers.de/wissen/© Bibliographisches Institut & F. A. Brockhaus, Mannheim

■ *Informieren Sie sich mithilfe des Sachtexts über den Begriff „Mittelschicht" und zeigen Sie, welche der Definitionsmerkmale auf die Figuren in den „Geschichten aus dem Wiener Wald" zutreffen.*

Arbeitsaufträge für das Expertengespräch

Aufgabenstellung für Expertengruppe A:

■ *Zeigen Sie anhand der Szene I, 3, inwieweit Erich als typischer Vertreter des Nationalsozialismus angesehen werden kann.*

Aufgabenstellung für Expertengruppe B:

■ *Zeigen Sie anhand der Szene II, 6, inwieweit Erich als typischer Vertreter des Nationalsozialismus angesehen werden kann.*

Aufgabenstellung für Expertengruppe C:

■ *Zeigen Sie anhand der Szene III, 1, inwieweit Erich als typischer Vertreter des Nationalsozialismus angesehen werden kann.*

Aufgabenstellung für Expertengruppe D:

■ *Zeigen Sie anhand der Szene III, 3, inwieweit Erich als typischer Vertreter des Nationalsozialismus angesehen werden kann.*

Aufbau und Struktur des Dramas

Im folgenden Baustein werden sowohl der Aufbau als auch die dramaturgische Struktur der „Geschichten aus dem Wienerwald" in den Blick genommen. Zunächst erfolgt eine Charakterisierung des Werks gemäß der typologischen Unterscheidung zwischen offenem und geschlossenem Drama. Anschließend wird der szenische Aufbau des Stücks unter den Gesichtspunkten der Symmetrie und der Zirkularität behandelt.

Exemplarisch für die Dramaturgie des Stücks werden im Folgenden mehrere, von Horváth mit hoher Kunstfertigkeit eingesetzte szenische Verfahren untersucht: Seine Technik des „Zeigens und Verbergens", das im Stück häufig begegnende „Schweigen", die Präsenz des Unheimlichen, der Einsatz der Musik sowie die in der Figurenzeichnung deutlich zutage tretende Komik.

5.1 Der Aufbau des Dramas

5.1.1 Geschlossenes oder offenes Drama?

Die auf den Literaturwissenschaftler Volker Klotz zurückgehende idealtypische Unterscheidung zwischen Dramen der geschlossenen und der offenen Form bietet eine sehr anschauliche Orientierung, um sich mit dem Aufbau der „Geschichten aus dem Wiener Wald" vertraut zu machen. Aus der Anwendung der einzelnen Vergleichskriterien auf das Stück folgt, dass es eindeutig als Drama des offenen Typs einzustufen ist.

Die Klotz'sche Terminologie ist den Schülerinnen und Schülern wahrscheinlich bereits aus dem Literaturunterricht bekannt. In diesem Falle dient das **Arbeitsblatt 21**, S. 90, zur Wiederholung der Zusammenhänge. Die Lücken in der Tabelle sind zunächst in Einzel- oder Partnerarbeit auszufüllen.

> ■ *Ergänzen Sie in der Tabelle die fehlenden Einträge durch logisches Schließen sowie durch Zuhilfenahme Ihres bisherigen literarischen Wissens.*

Anschließend erfolgt eine gemeinsame Verbesserung (siehe Lösung zu **Arbeitsblatt 21**, S. 91).

Sollte der Unterschied der beiden Dramentypen noch nicht im Unterricht behandelt worden sein, kann alternativ ein entsprechender Informationstext herangezogen werden (**Arbeitsblatt 22**, S. 92), auf dessen Grundlage die Schülerinnen und Schüler ebenfalls einen systematischen Vergleich in tabellarischer Form erarbeiten können.

> ■ *Machen Sie sich die wesentlichen Unterschiede zwischen der geschlossenen und der offenen Form des Dramas klar und erarbeiten Sie eine aussagekräftige, aber nicht zu umfangreiche tabellarische Gegenüberstellung.*

Als Orientierung für die Verbesserung kann die Lösung auf dem **Arbeitsblatt 21**, S. 91, herangezogen werden.

In einem weiteren Schritt sollen die Schülerinnen und Schüler die erarbeiteten Vergleichskriterien auf die „Geschichten aus dem Wiener Wald" anwenden. Der entsprechende Arbeitsauftrag lässt sich im Rahmen eines Unterrichtsgesprächs ausführen:

■ *Entscheiden Sie mithilfe des Ihnen vorliegenden Kriterienkatalogs, ob die „Geschichten aus dem Wiener Wald" eher dem geschlossenen oder eher dem offenen Dramentyp zuzurechnen sind.*

Eine systematische Überprüfung zeigt, dass Horváths Stück in jedem Vergleichspunkt den Kennzeichen der offenen Form entspricht.

5.1.2 Symmetrie und Zirkularität

Den „Geschichten aus dem Wiener Wald" liegt ein wohldurchdachtes Aufbauschema zugrunde, das symmetrisch und zirkulär organisiert ist.

Die Symmetrie des Stücks:

Der erste und der dritte Teil umfassen jeweils vier Szenen, die um den mit sieben Szenen deutlich umfangreicheren zweiten Teil angeordnet sind. Das Zentrum dieses Mittelteils wiederum bildet die 4. Szene, die auch den „Dreh- und Angelpunkt"[1] innerhalb der dramatischen Spannungskurve bildet, da Marianne zur Ware erniedrigt wird. Die Bedeutung der Szene entspricht zudem der Mittelstellung Mariannes im Personenregister. Das symmetrische Prinzip zeigt sich auch in den Handlungsorten: Der erste und der dritte Teil beginnen und enden außerhalb Wiens (die Heurigen finden traditionellerweise in den Weinorten um Wien herum statt, auch wenn sich im Falle der Szene III, 1 das „Maxim" offenbar einigermaßen in Fußnähe zum Ort des Heurigen zu befinden scheint – vgl. S. 72, Z. 30–31!), Anfang und Ende des zweiten Teils spielen innerhalb Wiens.

Die Zirkularität des Stücks:

Auffällig sind zudem die Entsprechungen zwischen der ersten und der letzten Szene des Dramas: Das Stück endet, wo es begonnen hat, nämlich in der Wachau. Das in der ersten Regieanweisung anklingende Walzerstück (S. 5, Z. 5–7) bildet auch den Schlussakkord (S. 100, Z. 3–6). Eine echte Entwicklung hat nicht stattgefunden, weder in der Lebensperspektive Mariannes noch im Bewusstsein der übrigen Figuren. Auch sonst deuten verschiedene Ortsangaben auf die Zirkularität des Geschehens hin:

- Erster Teil, Szene 2: Stille Straße im achten Bezirk
- Zweiter Teil, Szene 6: Wieder in der stillen Straße im achten Bezirk
- Dritter Teil, Szene 3: Und abermals in der stillen Straße im achten Bezirk

Angesichts der durchkomponierten Struktur des Stücks scheint dabei auch die Zahl „acht" nicht zufällig gewählt: Sie steht im Christentum unter anderem für den „achten Schöpfungstag" und damit für die Auferstehung Christi. Horváth dagegen betreibt die ironische Entwertung dieser traditionellen Symbolik des Abendlandes durch die Entwicklungslosigkeit seiner Figuren. Die kreisförmige Anlage des Dramas erinnert im Übrigen an die kreisenden Bewegungen beim Walzertanz, der ja das musikalische Hauptmotiv des Stücks bildet.

---

[1]   Hobek: Ödön von Horváth, a.a.O. S. 23

Die Erarbeitung dieser Zusammenhänge sollte in einem Unterrichtsgespräch stattfinden. Die Impulsaufgabe könnte folgendermaßen formuliert sein:

> ■ *Erstellen Sie eine Übersicht über die Szenenanordnung in Form einer dreispaltigen Tabelle und überlegen Sie, welche Rolle die „Symmetrie" und „Zirkularität" für den Aufbau des Stückes spielen könnten.*

Unter Umständen dürfte es sich als notwendig erweisen, den Schülerinnen und Schülern die Begriffe „Symmetrie" (= harmonische Anordnung verschiedener Teile) und „Zirkularität" (= kreisförmiges Verlaufsprinzip) vorab zu erklären.

Das entsprechende Szenenschema ist in etwa folgendermaßen zu gestalten:

Szenenschema

Erster Teil	Zweiter Teil	Dritter Teil
1. Draußen in der Wachau	1. [Stille Straße im achten Bezirk]	1. Beim Heurigen
2. Stille Straße im achten Bezirk	2. Möbliertes Zimmer im achtzehnten Bezirk	2. Draußen in der Wachau
3. Am nächsten Sonntag im Wiener Wald	3. Kleines Café im zweiten Bezirk	3. Und abermals in der stillen Straße im achten Bezirk
4. An der schönen blauen Donau	4. Bei der Baronin mit den internationalen Beziehungen	4. Draußen in der Wachau
	5. Draußen in der Wachau	
	6. Wieder in der stillen Straße im achten Bezirk	
	7. Im Stephansdom	

5.2 Die dramaturgische Struktur

In den „Geschichten aus dem Wiener Wald" erweist sich Horváth als wahrer Meister einer differenzierten, auf unterschiedlichen Effekten beruhenden Dramaturgie. Ihre vertiefte Behandlung im Unterricht trägt aufseiten der Schülerinnen und Schüler ohne Zweifel erheblich zum Verständnis für theaterpraktische Wirkungen eines Dramas bei. Folgende Auswahl besonders aufschlussreicher dramaturgischer Techniken bietet sich an:

„Zeigen und Verbergen"

Das Wesen dieses dramaturgischen Kunstgriffs besteht darin, dass offen auf der Bühne gezeigte, scheinbar unverfängliche Requisiten in Wahrheit über die eigentliche Bedeutung dieser Dinge hinwegtäuschen und diese semantische Ebene dadurch zunächst verborgen bleibt. In Szene I, 2 sucht Marianne in der „Schmutzwäsch" (S. 17, Z. 33) ihres Vaters. Diese scheinbar unverdächtige Formulierung aus dem Bereich der alltäglichen hausfraulichen

Verrichtungen enthält jedoch zugleich einen Nebensinn, der sich im weiteren Verlauf der Handlung zeigt. Und wenn Oskar in II, 6 vom Abstechen einer „Sau" (S. 62, Z. 25–26) spricht, so meint er damit zugleich Marianne, der sein eigentliches Jagdstreben gilt. Die Aufdeckung dieser tieferen Bedeutungsebenen jenseits des Offensichtlichen ähnelt den Verfahren der Freud'schen Psychoanalyse und bedarf einer Interpretationsleistung durch den Zuschauer.

Das Unheimliche

Das Unheimliche begegnet in vielen Szenen des Dramas: Immer wieder ist der Tod als Thema präsent (in I, 1 „summt" Valerie „den Trauermarsch von Chopin", S. 11, Z. 9–10; in I, 2 begeben sich Oskar und der Zauberkönig in die „Totenmess", S. 16, Z. 29), harmlose Ereignisse kippen unvermittelt ins Schreckhaft-Gespenstische (als Alfred nach wechselseitigen Blickkontakten an Mariannes Scheibe klopft, „sieht" diese „ihn plötzlich erschrocken an", S. 20, Z. 19), Figuren und Orte wirken schauerlich (so ergänzen sich in I, 1 die Burgruine und die Großmutter zur Szenerie eines Gruselmärchens). Die dramaturgische Funktion dieses Spiels mit dem Unheimlichen besteht in der nachhaltigen Erschütterung des Vertrauens in alles Gewohnt-Althergebrachte, scheinbar Sichere und zielt damit auch auf eine umfassende Demaskierung bestehender Verhältnisse ab.

Die „Stille"

Die Regieanweisung „Stille" setzt Horváth in den „Geschichten aus dem Wiener Wald" sehr häufig ein, dabei allein in der Szene I, 4 zwölf Mal. Die dadurch jeweils hervorgerufene dramatische Wirkung zielt vor allem auf Demaskierung innerer Zustände sowie kommunikativer Situationen ab. Die zweimalige Stille in der vorletzten Szene (S. 94, Z. 5, 10) verdeutlicht das Entsetzen Mariannes, als Oskar ihr klar macht, dass er ihr Kind als das einzige Ehehindernis betrachtet. In der Szene II, 5 wird der Schlussteil des Dialogs zwischen Alfred und seiner Großmutter fünf Mal von „Stille" unterbrochen (S. 56, Z. 8, 13, 16, 19, 25). Keiner der beiden wagt es, das eigentlich Gemeinte zu verbalisieren, aber im mehrfachen Schweigen wird zum einen das heimtückische Vorhaben der Großmutter, den kleinen Leopold zu töten, deutlich, zum anderen das stillschweigende Einverständnis Alfreds mit dem Mord.

Die Musik

Die Rolle der Musik beschränkt sich in Horváths Drama keineswegs nur auf die eines konventionellen Stimmungsträgers, sondern kommentiert und kritisiert. Sie stellt beispielsweise strukturelle Verknüpfungen her (wie unter 5.1.2 gezeigt, verbindet die Walzermusik die Szenen I,1 und III, 4), ruft groteske Kontraste zur Handlung hervor (in Szene III, 1 begleitet Schumanns Träumerei den Auftritt der nackten Tänzerinnen, S. 77, Z. 9) oder unterstreicht die Präsenz des Unheimlichen (beispielsweise die immer wieder plötzlich abbrechende Walzermusik in Szene I, 2).

Die Komik

Die intensive dramatische Wirkung der „Geschichten aus dem Wiener Wald" beruht nicht zuletzt auf der von Horváth in vielen Facetten eingesetzten Komik. Sie stellt menschliche Schwächen bloß und demaskiert Widersprüche zwischen Schein und Sein der Figuren. So predigt der Zauberkönig gegen den Sittenverfall und riecht gleichzeitig sinnlich erregt am Korsett Valeries (S. 31, Z. 13–21). Ganz in der Tradition Nestroys bedient sich der Autor zudem häufig des Wortwitzes. Alfreds theatralische Aussage „Ich bin eine geschlagene Armee" entlarvt sich durch die darin enthaltene sprachliche Unmöglichkeit, und auch seine vehemente Behauptung seiner Verantwortung gegenüber Marianne führt zu einer nicht glaubwürdigen Begriffsdopplung: „Dass ich dich nämlich nicht hab haben wollen – dafür trägt aber nur mein Verantwortungsgefühl die Verantwortung", S. 39, Z. 8–10.

Die einzelnen Gestaltungsmittel lassen sich beispielsweise in Form einer arbeitsteiligen Gruppenarbeit präsentieren.

Gruppe A: Zeigen und Verbergen (**Arbeitsblatt 23**, S. 93)

■ *Informieren Sie sich mithilfe des Sachtextes über Horváths Technik des Zeigens und Verbergens sowie über ihre Funktion im Stück und erstellen Sie für Ihre Mitschüler eine aussagekräftige und anschauliche Zusammenfassung auf einer Overheadfolie.*

Gruppe B: Das Unheimliche (**Arbeitsblatt 24**, S. 94)

■ *Informieren Sie sich mithilfe des Sachtextes über die Funktion des Unheimlichen im Stück und erstellen Sie für Ihre Mitschüler eine aussagekräftige und anschauliche Zusammenfassung auf einer Overheadfolie.*

Gruppe C: Die Stille (**Arbeitsblatt 25**, S. 95)

■ *Informieren Sie sich mithilfe des Sachtextes über die Funktion der Regieanweisung „Stille" im Stück und erstellen Sie für Ihre Mitschüler eine aussagekräftige und anschauliche Zusammenfassung auf einer Overheadfolie.*

Gruppe D: Die Musik (**Arbeitsblatt 26**, S. 96)

■ *Informieren Sie sich mithilfe des Sachtextes über die Funktion der Musik im Stück und erstellen Sie für Ihre Mitschüler eine aussagekräftige und anschauliche Zusammenfassung auf einer Overheadfolie.*

Gruppe E: Die Komik (**Arbeitsblatt 27**, S. 97)

■ *Informieren Sie sich mithilfe des Sachtextes über die Funktion der Komik im Stück und erstellen Sie für Ihre Mitschüler eine aussagekräftige und anschauliche Zusammenfassung auf einer Overheadfolie.*

Mit dem Ende der Gruppenphase stellen die Gruppensprecher die jeweils erarbeitete Informationsübersicht vor. Diese kann nach der Besprechung von der Lehrkraft kopiert und zum Zwecke der Ergebnissicherung an die Klasse ausgegeben werden.

Die für Horváth typischen dramaturgischen Verfahrensweisen lassen sich noch zusätzlich verdeutlichen, indem man in Form eines Schülerreferats einen Vergleich zu den dramatischen Mitteln Brechts, insbesondere zu dem von ihm favorisierten Verfremdungseffekt, ziehen lässt.

Vorschläge für Referate:

Stellen Sie die von Horváth in den „Geschichten aus dem Wiener Wald" eingesetzten dramaturgischen Techniken dem „V-Effekt" Bertolt Brechts gegenüber.

Tabellarische Gegenüberstellung von offener und geschlossener Form des Dramas

Geschlossene Form	Vergleichsaspekt	Offene Form
Einteilung in Akte und Szenen; Pyramiden-schema	**Aufbau**	
Primat der inneren Handlung; Ideendrama	**Charakter der Handlung**	
	Einheit der Handlung	Auflösung der Einheit: lose Fügung, sprunghaft, Nebenstränge
Möglichst wenige Ortsänderungen	**Einheit des Ortes**	
	Einheit der Zeit	Ausdehnung der Zeiträume, Einbau von Zeitsprüngen, manchmal sogar unklare Chronologie
	Personen	Größerer Personenkreis, viele Nebenfiguren, teils aus Un-terschicht; Figurentypen mit eingeschränktem Bewusst-seinsstand und vorwiegend triebhafter Handlungsmotiva-tion
Aktiver, die Handlung gestaltender Held	**Hauptfiguren**	
Einheitliche, gehobene Sprachebene in Prosa- oder Versform	**Sprache**	

■ *Ergänzen Sie in der Tabelle die fehlenden Einträge durch logisches Schließen sowie durch Zuhilfenahme Ihres bisherigen literarischen Wissens.*

Tabellarische Gegenüberstellung von offener und geschlossener Form des Dramas (Lösung)

Geschlossene Form	Vergleichsaspekt	Offene Form
Einteilung in Akte und Szenen; Pyramidenschema	**Aufbau**	Anordnung der Szenen beziehungsweise Bilder in lockerer Form
Primat der inneren Handlung; Ideendrama	**Charakter der Handlung**	Primat äußerer Ereignisse; Gesellschaftsdrama
Wahrung der Einheit: geschlossen, stringent, einsträngig	**Einheit der Handlung**	Auflösung der Einheit: lose Fügung, sprunghaft, Nebenstränge
Möglichst wenige Ortsänderungen	**Einheit des Ortes**	Vielzahl der Handlungsorte
Gedrängter Handlungszeitraum, idealerweise nur ein Tag	**Einheit der Zeit**	Ausdehnung der Zeiträume, Einbau von Zeitsprüngen, manchmal sogar unklare Chronologie
Enger Personenkreis, meist gehobenen Standes; mündige, überlegt agierende Individuen	**Personen**	Größerer Personenkreis, viele Nebenfiguren, teils aus Unterschicht; Figurentypen mit eingeschränktem Bewusstseinsstand und vorwiegend triebhafter Handlungsmotivation
Aktiver, die Handlung gestaltender Held	**Hauptfiguren**	Passiver Antiheld, ohnmächtiges Opfer der Verhältnisse
Einheitliche, gehobene Sprachebene in Prosa- oder Versform	**Sprache**	Realistische Alltagssprache, oft Dialekt oder Vulgärsprache

Informationstext zur Unterscheidung zwischen offenem und geschlossenem Drama

Edgar Neis: Vom klassischen Regeldrama zum neuzeitlichen Stationendrama

(Geschlossenes und offenes Drama)

Dem strengen klassischen Regeldrama, wie es uns in der Mitte des 19. Jahrhunderts noch einmal in den Tragödien Hebbels, etwa in „Gyges und sein Ring", begegnet, steht die Bauform des neuzeitlichen „offe-
5 nen Dramas", des „Stationendramas", gegenüber, des Dramentyps, den – beeinflusst durch Shakespeares locker gefügte Bühnenwerke – Lenz, Büchner, Grabbe bis hin zu Georg Kaiser, Frank Wedekind und Bertolt Brecht geschaffen haben. Volker Klotz hat 1960 beide
10 Dramentypen sehr treffend als „geschlossenes" und „offenes" Drama beschrieben.

Das klassische „geschlossene" Drama weist einen geradlinigen, kontinuierlichen, übersichtlichen Geschehnisablauf auf; es beachtet die drei aristote-
15 lischen Einheiten der Handlung, der Zeit und des Raumes. Das Drama ist in 3–5 Akte eingeteilt, die sich wiederum in eng miteinander verbundene Szenen oder Auftritte gliedern. Von der Exposition des Ersten Aktes über den Höhepunkt und Wendepunkt
20 der dramatischen Handlung hinweg spannt sich bis zur Katastrophe oder Lösung im Fünften Akt ein einheitlicher, kaum unterbrochener Bogen.

Die Personenzahl ist im streng klassischen Drama begrenzt, die geistige Qualität der Person bedeutsam;
25 ihre Probleme und Konflikte reichen in hohe moralische, ethische, politische, religiöse Zusammenhänge hinein; ihre Sprache ist gewählt, gesellschaftlich konventionell, kunstvoll, begrifflich, im weitesten Sinne philosophisch; sie reden in geschliffener Prosa
30 oder in Versen, die langsam und klangvoll dahinfließen – etwa in Alexandrinern oder im Versmaß des klassischen deutschen Dramas, in fünffüßigen Jamben – und die dem Hörer einen sprachlich ästhetischen Genuss vermitteln.

35 Demgegenüber weist das „offene" Drama einen sprunghaften, unregelmäßigen, irregulären Geschehnisablauf mit oft mehreren Handlungssträngen auf, die wiederholt und willkürlich ineinandergreifen können; es gibt keine Einheit der Zeit und des Raumes, keine strenge Akt- und Szeneneinteilung, sondern
40 eine lose Bilderfolge, eine Reihe unverknüpfter Auf- und Einblendungen; ein bewegtes Kunterbunt von Einschüben kennzeichnet die Konzeption des „offenen" Dramas. Kurze, hingeworfene, unvermittelt einsetzende und ebenso unvermittelt abbrechende
45 Situationsszenen, filmische „Momentaufnahmen", rascher, plötzlicher Ortswechsel, Zeitsprünge sind für das „offene" Drama typisch.

Die Personenzahl ist schwankend, sie kann mitunter sogar recht groß sein (siehe Personenverzeichnisse
50 der Grabbe-Dramen!); qualitätsmäßig sind die Personen und ihre Charaktere nicht so ausgearbeitet wie im klassischen Drama; sie sind oft nur skizziert, sind Typen, gehören einer niederen Gesellschaftsklasse an und bedienen sich der gewöhnlichen Alltagssprache,
55 eines abgerissenen Telegrammstils oder, in modernen Dramen, oft eines ordinären Straßenjargons. Während sich die Personen des klassischen geschlossenen Dramas einer großartigen, beherrschten, überlegten Rhetorik bedienen, finden die gesellschaftlich tiefste-
60 henden Personen, die „dumpfen menschlichen Kreaturen", oft kaum Worte, um sich auszudrücken, verfallen in ein Stammeln oder gar in eine Sprachlosigkeit, die sich mehr der Gestik und Pantomime bedient. Über das Wesen des „offenen" Dramas hat sich
65 Gerhart Hauptmann einmal gesprächsweise geäußert: „Das wahre Drama ist seiner Natur nach endlos. Es ist ein fortdauernder innerer Kampf ohne Entscheidung. In dem Augenblick, da diese fällt, bricht das Drama ab. Da wir aber jedem Bühnenwerk eine
70 Entscheidung zu geben gezwungen sind, hat jedes gespielte Drama im Grunde etwas Pedantisches, Konventionelles an sich, was das Leben nicht hat. Das Leben kennt nur den fortdauernden Kampf, oder es hört überhaupt auf ... Der Schlussakt eines Dramas
75 ist fast immer ein Zwang, den der Dramatiker sich oder der Handlung auferlegt. Ja, in den meisten Fällen ist er sogar eine Vergewaltigung der Handlung."

Aus: Edgar Neis: Wie interpretiere ich ein Drama? Anleitung zur Analyse klassischer und moderner Dramen. Hollfeld: Bange Verlag, 3. Auflage 1990, S. 138–139

■ *Machen Sie sich die wesentlichen Unterschiede zwischen der geschlossenen und der offenen Form des Dramas klar und erarbeiten Sie eine aussagekräftige, aber nicht zu umfangreiche tabellarische Gegenüberstellung.*

Sachtext zur Technik des Zeigens und Verbergens

‚Zeigen' und ‚Verbergen'

Das Spezifische und höchst Innovative des szenischen Vorgehens in Horváths Werk besteht in der Technik, ‚Dinge' (Bühnenbild, Requisiten, Kostüme) in einer doppelten Repräsentation gleichzeitig zu ‚zeigen'
5 und zu ‚verbergen'. Das von Hugo von Hofmannsthal einmal in ganz anderem Kontext über Grillparzer Bemerkte, nämlich dass dieser die ‚Tiefe an der Oberfläche verstecke', gilt auch für Horváths szenische Technik (verborgen wird dabei die ‚tiefe' Gemeinheit der
10 Figuren).

In vielen Fällen ist das auf der Bühne Gezeigte (bzw. Gesprochene) nicht als bare Münze zu nehmen, sondern als Indiz für das, was verborgen bleiben soll. Gerade diese Verstellungen und Täuschungen in Bild
15 und Sprache sind Gegenstand der Interpretation. Dieses szenische Verfahren erinnert an Freuds Zensurmodell des Traums: Auch die Bilder des Traums ‚zeigen', indem sie ‚verstellen'. Eine Puppenklinik mit *„Scherzartikeln, Totenköpfen, Puppen, Spielwaren,*
20 *Raketen, Zinnsoldaten und einem Skelett im Fenster"* – nichts könnte in der scheinbar zufälligen Reihung auf den ersten Blick unverfänglicher sein. Die Funktion dieser Fassade der Auslage ist darauf angelegt, auszustellen, um zu verbergen. Daneben die *„gedie-*
25 *gene Fleischhauerei":* das ‚Bestiarische' und ‚Bestialische' in bürgerlich geachteter Verkleidung. Auffällig ist die an der Oberfläche versteckte Anhäufung von Todeszeichen: Der Tod zeigt sich in angepasster Verkleidung, als Ware nämlich, kulinarisches Konsum-
30 produkt in der Auslage der Fleischerei; doppelt maskiert als Ware und Spielzeug (genauer: Scherzartikel) in der Puppenklinik.

Die Bühne hat eine Zweiteilung in einen sichtbaren Raum und in einen *unsichtbaren* Raum, der den hinter
35 den Fassaden ‚verborgenen' Ort der ‚heimlichen' Machinationen und somit den *eigentlichen* Ort der Handlung darstellt. Das auf der Bühne Vorgezeigte dient oft der Täuschung. Die Regieanweisung zur *stillen Straße* stellt in ihrer „scheinbar alltäglichen Banalität
40 und Harmlosigkeit" ein Musterbeispiel für „das versteckte Spiel" einer Fassade dar. Diese „banale", weil ‚natürlich' erscheinende Fassade der Geschäfte fällt in den ersten Szenen zusammen mit den Grenzen des Sichtbaren. In den ‚inneren' Schauplätzen (möblier-
45 tes Zimmer, kleines Café, bei der Baronin) werden die ‚schmutzigen' Machinationen dann unverhüllter weitergeführt: Abschieben des Kindes, Mariannes Verschacherung.

Wir erfahren zwar bereits in der zweiten Szene, dass Marianne die „Schmutzwäsche" ihres Vaters durch-
50 suchen muss. Doch erreicht diese Mitteilung das Ohr des Zuschauers doppelt ‚gefiltert', nämlich vom idyllischen Blumenbalkon aus und als Erfüllung der Tochterpflicht. Nichts sollte unverdächtiger sein: „Arbeit schändet nicht" bemerkt Marianne zum Ritt-
55 meister (der diese Suche jedoch mit seinem zweideutigen ‚Sprachreflex' „Im Gegenteil" ungewollt als entwürdigend entlarvt). Der Streit wegen des verstopften Klosetts in Szene II/4 ist nur scheinbar nichts weiter als Marotte zweier schriller Baroninnen (einer
60 blinden und einer mit ‚verschiedenen' Verbindungen), er kann gerade in der kolportagehaften Verstellung das verbergen, was die eine doppeldeutig beim Namen nennt: „Schweinerei". In der vorletzten Szene wird der ‚Schmutz' dann unter den Teppich
65 gekehrt. Valerie befiehlt, sich zu versöhnen: „Jetzt werden wir den Schmutz da zusammenräumen – jetzt kommt die große Stöberei!"

So zahlreich die Bilder der Aggressionen sind, so getarnt sind sie in Szene gesetzt. Bereits das erst (ohne
70 ‚erkennbare' Motivation) auf die Bühne gebrachte Requisit ist *„ein schärferes Messer":* als Esswerkzeug. Oskar maniküt sich bei seinem ersten Auftritt (I/2) mit einem *„Taschenmesser".* Doch einem Metzger kann man hier eine solch unappetitliche Geste noch
75 als Berufsschrulle durchgehen lassen, scheinbar ist Oskar so *„gediegen"* (= solide, bieder-vornehm) wie seine Fleischerei. Auf der Schwelle derselben ist dann mehrmals von ‚Sauabstechen' die Rede. Im „offene[n] Wörterl" Havlitscheks und in Oskars Vorsatz, die Sau
80 selber „abzustechen", kippt die Täuschungsfunktion in Bezug auf die gemeinte „läufige Bestie" um.

Aus: Friedrich Hobek: Ödön von Horváth, Geschichten aus dem Wiener Wald. Grundlagen und Gedanken. Frankfurt am Main: Diesterweg, 2. Auflage 1996, S. 26 – 27. © Bildungshaus Schulbuchverlag Westermann Schroedel Diesterweg Schöningh Winklers GmbH, www.diesterweg.de

■ *Informieren Sie sich mithilfe des Sachtextes über Horváths Technik des Zeigens und Verbergens sowie über ihre Funktion im Stück und erstellen Sie für Ihre Mitschüler eine aussagekräftige und anschauliche Zusammenfassung auf einer Overheadfolie.*

Sachtext zur Funktion des Unheimlichen

Zur Dramaturgie des Unheimlichen

Das Unheimliche in Horváths Stück ergibt sich vor allem als Folge seines dramaturgischen Verfahrens, dieser ganz besonderen Mischung von Komischem und Tragischem, auf die er selbst hinwies: „Alle mei-
5 ne Stücke sind Tragödien – sie werden nur komisch, weil sie unheimlich sind. Das Unheimliche muss da sein". Kennzeichen des Unheimlichen ist das Schreckhafte, das im Allvertrauten lauert", wie z. B. in einer Liebesbeziehung, besonders in der Mariannes zu Os-
10 kar und zu Alfred, wie auch in einem Leben, das vom Tod gekennzeichnet ist, der – wie gezeigt wurde – im Stück immer gegenwärtig ist: als Denken ans Sterben oder, in Maskierung, als Skelett in der Auslage. In den Wachau-Szenen wirkt schon zu Beginn der Kontrast
15 von landschaftlicher Schönheit zum Ruinenschauplatz mit seiner achtzigjährigen ‚Märchenhex' gespenstisch. Der Anfangswalzer sowie das beklemmende Abbrechen und Wiedereinsetzen der unsichtbar auf einem ausgeleierten Klavier übenden Real-
20 schülerin steigert sich beim Heurigen im staccato-artigen Wechsel von tobendem Sauflärm und kontrastierender ‚Totenstille' zum makabren Totentanz.

Horváth bezeichnete *Glaube Liebe Hoffnung* (1932) im
25 Untertitel als „Kleinen Totentanz". Die *Geschichten aus dem Wiener Wald* könnten ‚Großer Totentanz' genannt werden, denn auch in ihnen ist der Tod omnipräsent: in ‚maskierter' Form im Bühnenbild der „stillen Straße" wie auch in einer durchgehenden Ket-
30 te szenischer und sprachlicher Anspielungen. Gegen Ende der ersten Szene betrachtet sich Valerie im Spiegel und summt dazu den Trauermarsch von Chopin.

Niemand in diesen *Geschichten*, der nicht an den Tod denkt oder auf den Friedhof geht oder gehen will oder 35 vom Friedhof kommt oder jemanden dorthin begleiten muss. Vor einem Jahr ist Oskars Mutter gestorben, zu deren „Totenmess" sich Oskar und der Zauberkönig aufmachen. In der Verlobungsszene (I/3) gedenkt der Zauberkönig im Stil einer ‚gestanzten' Festrede 40 seiner „unvergesslichen Gemahlin, der Mariann ihrem lieben Mutterl selig", entlarvt dieses Gedenken jedoch kurz darauf und in der Heurigenszene als Selbstmitleid. Valerie gegenüber bemerkt er in der Badeszene ironisch (wahrscheinlich, ohne sich der 45 enthaltenen Kränkung bewusst zu sein): „Der sterbende Schwan". Alfred will sich (wohl als Zeichen einer antiklerikalen Einstellung) „verbrennen" lassen.

In dieser statischen Welt sind alle vom Tod ‚Gezeich- 50 nete'. Sie agieren wie die Figuren einer Typenkomödie, indem ihnen von allem Anfang an ein Stempel aufgedrückt wird. Wie etwa der Hanswurst der Wiener Stegreifkomödie am aufgenähten Herz zu erkennen war und damit für den Zuschauer sein weiteres 55 Verhalten schon feststand, so werden die Figuren der *Geschichten* durch einen unsichtbaren Stempel als Typen eines Totentanzes bestimmt, denen am Schluss des Stückes die todbringende Großmutter auf der Zither gewissermaßen zum Tanz aufspielt. 60

Aus: Friedrich Hobek: Ödön von Horváth, Geschichten aus dem Wiener Wald. Grundlagen und Gedanken. Frankfurt am Main: Diesterweg, 2. Auflage 1996, S. 29 – 31, 42 – 43. © Bildungshaus Schulbuchverlage Westermann Schroedel Diesterweg Schöningh Winklers GmbH, www.diesterweg.de

■ *Informieren Sie sich mithilfe des Sachtextes über die Funktion des Unheimlichen im Stück und erstellen Sie für Ihre Mitschüler eine aussagekräftige und anschauliche Zusammenfassung auf einer Overheadfolie.*

Sachtext zur Funktion der Stille

„Stille" als ‚innerer' Dialog

Eines der wichtigsten szenischen Zeichen in Horváths dramatischem Werk, auf das der Autor in der *Gebrauchsanweisung* selbst hinweist, ist die „Stille":
„Bitte achten Sie genau auf die Pausen im Dialog, die
5 ich mit ‚Stille' bezeichne". Mit den terminologischen Mitteln, die ihm zur Verfügung standen, fährt er fort: „Hier kämpft das Bewusstsein oder Unterbewusstsein miteinander und das muss sichtbar werden" bzw. es handele sich um den „Kampf des sozialen Bewusst-
10 seins gegen das asoziale Triebleben und umgekehrt".

‚Fortsetzung des Dialogs mit anderen Mitteln' könnte als allgemeinere Charakterisierung dienen, die mehr abdeckt als das in Horváths eigener Formulierung
15 Anvisierte und von vulgär-psychoanalytischen Interpretatoren bereitwillig Aufgenommene.

Bevor im Stück noch ein Wort gesprochen worden ist, schreibt der Autor schon eine *Stille* vor. Das Misstrauen zwischen Alfred und der Mutter wird da-
20 mit ebenso ‚sichtbar' wie durch den verlogenen und ‚lauernden' Ton zwischen den beiden, wie er in der Diskussion über die seltenen Besuche und in der unverhüllten Neugier der Mutter, Alfreds eigentliche Beziehung zu seinen neuen Bekannten (Valerie, Hier-
25 linger) und seine berufliche Situation betreffend, zum Ausdruck kommt. Seinen sich windenden Ausflüchten wird dabei fortlaufend eine ‚Stille' voran- oder nachgestellt. ‚Stille' markiert hier keineswegs ein Abbrechen des Dialogs, sie hat hier auch keinen
30 Wechsel des Themas zur Folge. Im Gegenteil: Mit „erstaunlicher Insistenz" überwindet die Mutter Alfreds Blockaden und führt das Gespräch zurück auf den Punkt, der sie interessiert. Im Wechselspiel von Verstummen und Neuansatz soll der Leser erkennen,
35 dass zwischen den Figuren weit mehr vorgeht, als er bisher glaubte, dass er gleichsam nur über Bruchstücke, Bewusstseinsfragmente verfügte.

Als Valerie an das Grab ihres verstorbenen Mannes denkt, dabei auch an ihr eigenes Alter erinnert wird, signalisiert die ‚Stille' für Valerie selbst und für den 40 Zuschauer den Einbruch des ‚Anderen', des Unheimlichen, das versteckt bleiben müsste und sich plötzlich zeigt. Als Alfred jede Mitbeteiligung an Mariannes sozialem Abstieg mit einem perfiden „Ich werd sie wohl aus den Augen verlieren" von sich weisen will, 45 beschimpft ihn Valerie mit „grandioser Schuft". In der dazwischenliegenden ‚Stille' wird ihr Entsetzen wie auch ihr Zögern vor der Beschimpfung deutlich, wohl aber auch das kurze Innehalten eines, der sich vor dem misslungenen Verbergen seiner Tücke auch 50 schon wieder davonstehlen will. Ängstliches Entsetzen der Mutter über das, was die Großmutter „heut Nacht gemacht" hat, nämlich den kleinen Leopold in die todbringende Zugluft gestellt zu haben, und *lauernd[e]* Angst der Großmutter, dabei ertappt 55 worden zu sein, prallen in einer ‚Stille' aufeinander. In einer zweimal vorgeschriebenen ‚Stille' zeigt sich Mariannes Entsetzen vor dem philiströsen[1] Verzeihungs- und Eheangebot Oskars, dem nur der sichtbare Makel, nämlich das „Kind", als Hindernis ent- 60 gegensteht.

Besonders markant ist die angesagte ‚Stille', wo sie ein Gespräch gleichsam ‚strophisch' gliedert, und das geschieht mehrmals. Die höchste strukturelle Dichte (fünfmal auf einer halben Seite) erreicht dieser skan- 65 dierende Einsatz am Ende des heimtückischen Gesprächs Großmutter – Alfred. In dieser ‚Stille' versagen die Täuschungsfunktionen der Sprache der sonst um Ausreden und im sprachlichen Übertünchen seelischer Gemeinheiten nie Verlegenen; sie wird hier 70 zur Aphasie[2] des Jargons, tritt immer dann auf, wenn die Figuren nicht mehr in der Lage sind, ihre Heimtücke mit Gemeinplätzen und ‚Sprüchen' zu kaschieren.

Aus: Friedrich Hobek: Ödön von Horváth, Geschichten aus dem Wiener Wald. Grundlagen und Gedanken. Frankfurt am Main: Diesterweg, 2. Auflage 1996, S. 55–56. © Bildungshaus Schulbuchverlage Westermann Schroedel Diesterweg Schöningh Winklers GmbH, www.diesterweg.de

---

[1] philiströs = engstirnig
[2] Aphasie = Verlust der Sprache

■ *Informieren Sie sich mithilfe des Sachtextes über die Funktion der Regieanweisung „Stille" im Stück und erstellen Sie für Ihre Mitschüler eine aussagekräftige und anschauliche Zusammenfassung auf einer Overheadfolie.*

Sachtext zur Funktion der Musik

Zur Funktion der Musik

Wie im traditionellen Volksstück kommt auch bei Horváth der Musik eine bedeutende Funktion zu. Sie ist jedoch kaum mehr untermalend und stimmungsfördernd, sondern soll das Geschehen kommentie-
5 ren, kritisieren und kontrastieren.
„In der Luft ist ein Klingen und Singen – als verklänge irgendwo immer wieder der Walzer ‚Geschichten aus dem Wiener Wald‘", vermerkt zu Beginn die Regieanweisung, was im Schlussbild durch den Zusatz *„himm-*
10 *lisches Streichorchester"* bei ansonsten fast wörtlicher Wiederholung eine sarkastisch-bittere Pointe erhält: Wiederholung und Unausweichlichkeit scheinen vorgezeichnet. Schon durch die minimale, ironisch-hochsprachliche Abweichung von der üblichen Be-
15 zeichnung des Strauß-Walzers (nämlich ‚*G'schichten aus dem Wienerwald*‘) wie auch durch den dramaturgisch schwer umzusetzenden Irrealis, durch Iteration (‚*immer wieder*‘) und indefinite Ortsangabe (‚*irgendwo*‘) wird Distanzierung zum Geschehen hergestellt.
20 Dieser sowohl in der Wachau als auch in Wien erklingende Walzer verzahnt musikalisch die beiden zentralen Schauplätze (weist damit wohl auch hin auf ihre trotz geografischer Distanz partielle Identität). Ähnlich wird durch das Singen des Wachau-Lieds in
25 Wien (in II/4 durch Marianne und in III/1 durch die Heurigengesellschaft) eine raffinierte, atmosphärische Musik-Rahmung etabliert. Wenn Marianne das Lied in II/4 singen muss, so stehen die Zeilen vom sinnlich-schönen ‘Mädel’ („Hat Lippen rot wie Blut,
30 Und küssen kann's so gut") im bittersten Kontrast zu der in der nächsten Szene von der Großmutter dem Alfred vorgeschlagenen Trennung vom „Marianderl" und zum geplanten, wenngleich auf perfide Weise *nicht* ‚ausgesprochenen‘ Kindsmord.
35 Verknüpfungsfunktion der Musik zwischen den einzelnen Szenen in der stillen Straße liegt vor, wenn die Realschülerin auf einem ausgeleierten Klavier übt. Ihr Walzer bricht mehrmals plötzlich ab, oft sogar *„mitten im Takt"* und verstärkt damit das Komische und
40 Groteske oder das Unheimliche der folgenden Dialoge und Verhaltensweisen, macht so auf deren inhaltliches Gewicht aufmerksam: auf Valeries Schaden-

freude, auf das vertrottelt-chevalereske[1] ‚Kompliment' für die Blutwürste und das nahtlos anschließende ebenso mechanische wie larmoyante Totengeden- 45
ken, auf das karikaturistisch gezeichnete Sich-Fixieren der beiden ‚Soldaten' und den ‚korrekten' Abschied Erichs von Valerie, auf die für Marianne entwürdigende Sockenhaltersuche, auf Alfreds „Canossagang". 50
Was die Musik an heiler, ‚gemütlicher' Welt vortäuscht, steht vielfach in schroffem Gegensatz zu der Lieblosigkeit und dem brutalen Egoismus zwischen den Figuren. Das Geständnis Mariannes, dass sie Oskar nicht liebe, folgt auf die auf einem Reisegrammo- 55
fon gespielte Puccini-Arie *Wie eiskalt ist dies Händchen*. In der Nachtbar macht das Verstummen der Musik auf die brutale Verständnislosigkeit des Zauberkönigs gegenüber Marianne aufmerksam. Am krassesten wirkt dieser Gegensatz, wenn Schumanns 60
Träumerei im Nachtlokal als Geräuschkulisse herhalten muss, in niederdrückendem Kontrast zum Sozialdarwinismus der Gesellschaft, wie er im Bild der sich gegenseitig niedertretenden nackten Mädchen seinen Ausdruck findet. In der Heurigenszene kon- 65
trastiert Horváth ironisch das sentimentale Lied des Zauberkönigs „Mir ist mei Alte g'storbn" mit seiner wahren Einstellung, die er voranschickte: „Mir hat sie das ganze Leben verpfuscht!" Daneben ist das Grotesk-Komische seines Gesangs nicht zu übersehen. 70
Noch makabrer wirkt die Kontrastierung, wenn die Mordabsichten der Großmutter von volkstümlichen Zitherklängen begleitet werden.
Als Leitmotiv, als Verklammerung von Figuren und Szenenteilen (Vor- und Rückverweis), aufgrund ihres 75
verfremdend abrupten Aussetzens, als verstärkende Parallele oder als Kontrast zur Handlung besitzt die Musik die eminent wichtige Funktion eines epischen Kommentars.

Aus: Friedrich Hobek: Ödön von Horváth, Geschichten aus dem Wiener Wald. Grundlagen und Gedanken. Frankfurt am Main: Diesterweg, 2. Auflage 1996, S. 35–37. © Bildungshaus Schulbuchverlage Westermann Schroedel Diesterweg Schöningh Winklers GmbH, www.diesterweg.de

---

1   chevaleresk = ritterlich

■ *Informieren Sie sich mithilfe des Sachtextes über die Funktion der Musik im Stück und erstellen Sie für Ihre Mitschüler eine aussagekräftige und anschauliche Zusammenfassung auf einer Overheadfolie.*

Sachtext zur Funktion der Komik

Komik und Karikatur

Wenn Horváth von der „Komik des Unterbewussten"
spricht und meint, er schreibe Tragödien, „die nur
durch ihre ‚Menschlichkeit' komisch sind", so will er
damit auf komisch wirkende menschliche Schwä-
5 chen und Fehlleistungen hinweisen, wie auch die für
die traditionelle Komödie typische Entlarvungstechnik fortsetzen, die aus der Diskrepanz zwischen dem
von den Figuren Gemeinten (ihnen aber nicht oder
nicht voll Bewussten) und dem Gesagten resultiert.
10 Neben dem Aufdecken doppelter Moral (besonders
beim Zauberkönig) ist Komik bei Horváth häufig mit
komplexeren Demaskierungstechniken verbunden,
mit einem gleichzeitigen ‚Zeigen' und ‚Verbergen'
wie auch mit einer Demaskierung der Täuschungs-
15 funktionen der Sprache. Da Komik auch oft mit dem
Unheimlichen einhergeht, ist sie kaum je die einer
unbefangenen Heiterkeit.
Eine traditionelle Entlarvungstechnik liegt vor, wenn
der Zauberkönig einen Vortrag über den Verfall der
20 Sitten hält, während er sich als Voyeur und Geruchs-
fetischist entpuppt *(„entdeckt Valeries Korsett, nimmt
es an sich und riecht daran"):* „Diese heutige Zeit ist
eine verkehrte Welt! Ohne Treu, ohne Glauben, ohne
sittliche Grundsätz. Alles wackelt, nichts steht mehr
25 fest. Reif für die Sintflut". Diese geile Lüsternheit des
Zauberkönigs zerlegt eine Figur und präsentiert ihre
moralische Schizophrenie aufs Sinnfälligste dem Publikum.
Oskar, eifersüchtig auf den sichtlich ohne sein Wis-
30 sen zur Verlobungsfeier eingeladenen Alfred, zu Marianne: „Er beneidet mich um dich – ein geschmack-
loser Mensch". Der Zauberkönig, der eben Marianne
und Alfred ‚entdeckt' hat, möchte einen Skandal am
Verlobungstag vermeiden und fährt Alfred an: „Dass
35 mir keine Seele was erfährt, Sie Halunk", und fordert
von dem eben als Halunk Apostrophierten das „Eh-
renwort". Gegenüber der eifersüchtigen Valerie hat
Alfred eine Ausrede parat: „Ich wollte dir ein Pupperl
kaufen", wobei die Doppeldeutigkeit des ‚Püppchens'
40 für Valerie und den Zuschauer klar wird. Von mas-
siverer Komik ist Alfreds Beteuerung „Gott ist mein
Zeuge, dass ich nie ein Kind hab haben wollen, das
hat nur sie haben wollen – und dann ist es halt so
von allein gekommen". An zynische Witze erinnert
45 die Begrüßung Hierlingers durch die blinde Helene:

„Ach guten Tag, Herr von Hierlinger! Das freut mich
aber, dass wir uns wiedermal sehen". In einer Auseinandersetzung mit Valerie vergisst Alfred, den ganzen
Wortlaut einer Beschimpfung zurückzuweisen, und
entlarvt sich damit selbst ungewollt als „Halunk". 50
In Erichs „Diese Randbemerkung ehrt Ihre niedrige
Gesinnung, Gnädigste" werden die zwei konträren
Bedeutungen (niedrig-gemein – gnädig-vornehm),
die sonst in diesen abgenutzten Floskeln nicht mehr
zum Tragen kommen, im bewusst konstruierten Zu- 55
sammenstoß wieder hörbar. Alfreds Aussage „Ich bin
eine geschlagene Armee" bezieht ihre Komik aus der
unverträglichen semantischen Zusammenstellung.
Ähnlich auch – doch Erich kommandiert sich wirklich selbst – Valeries spöttische Bemerkung: „Das ist 60
eine ganze Division". Trotz des Wortwitzes kaum
mehr komisch ist Alfreds Entschuldigung vor Valerie:
„Ich hab ja schon vor mir selbst gar kein Schamgefühl
mehr, weil ich weiß, dass ich dir Unrecht getan hab".
Von derberer Art ist seine Antwort, als sich Marianne 65
durch seine geschickte Fragetechnik überrumpelt
fühlt: „Wie Sie das alles aus einem herausziehen" –
„Ich will gar nichts aus Ihnen herausziehen. Im Gegenteil". Natürlich meint er das nicht ‚so', aber mit
seinem Versprecher entlarvt er sich selbst als einen, 70
der nicht so sehr an Liebe, sondern mehr am „Lieben" interessiert ist. Die Entlarvung der Figurenrede
kann auch durch Pleonasmen erfolgen. Mindestens
ein Wort zu viel ist hineingeraten in: „Dass ich dich
nämlich nicht hab haben wollen – dafür trägt aber 75
nur mein Verantwortungsgefühl die Verantwortung",
im Munde eines, dem Verantwortung ein Fremdwort
ist. Auf die Feststellung des Hierlinger, Alfred und
Marianne seien nicht auf „Rosen gebettet", antwortet
Alfred mit metaphorischem Schwulst: „Auf Dornen, 80
lieber Ferdinand! Auf Dornen und Brennesseln, wie
der selige Hiob". Kitsch, wenn er „sichtbar" wird,
wirkt „komisch", merkte Horváth einmal an.
In vielen dieser Beispiele zeigt sich der Einfluss der
von Nestroy perfektionierten Form des Sprachwitzes, 85
indem Gegensätze, Nebenbedeutungen und konno-
tative Unterströmungen eines Wortes aufeinander-
prallen.

Aus: Friedrich Hobek: Ödön von Horváth, Geschichten aus dem Wiener Wald.
Grundlagen und Gedanken. Frankfurt am Main: Diesterweg, 2. Auflage 1996,
S. 37–39. © Bildungshaus Schulbuchverlage Westermann Schroedel Diesterweg
Schöningh Winklers GmbH, www.diesterweg.de

■ *Informieren Sie sich mithilfe des Sachtextes über die Funktion der Komik im Stück und erstellen Sie für Ihre Mitschüler eine aussagekräftige und anschauliche Zusammenfassung auf einer
Overheadfolie.*

Die Rezeption des Stücks

Dieser Baustein beschäftigt sich mit zwei unterschiedlichen Rezeptionsebenen: In einem ersten Schritt werden Möglichkeiten der künstlerischen Rezeption aufgezeigt. Dabei stehen primär Deutungsspielräume im Rahmen unterschiedlicher Bühneninszenierungen im Mittelpunkt des Interesses. Daneben wird aber auch Peter Handkes Prosa-Adaption des Stücks zum Gegenstand der Betrachtung. Als zweiter Schritt geht es um die Rezeption des Dramas durch den Zuschauer beziehungsweise den Leser: Die Schülerinnen und Schüler sollen auf diesem Wege an die Erstellung einer abschließenden Bewertung des Stücks aus persönlicher Perspektive herangeführt werden.

6.1 Künstlerische Rezeptionsansätze

6.1.1 Die Bühnenrezeption

Die Inszenierungsgeschichte eines Theaterstücks unterliegt stets starken außerkünstlerischen Einflüssen, da das Theater als gesellschaftliche Institution immer auch auf den Frage- und Verständnishorizont eben dieser Gesellschaft bezogen ist. Besonders deutlich zeigen sich diese Zusammenhänge in der Rezeption der „Geschichten aus dem Wiener Wald" auf den Bühnen des deutschen Sprachraums. Bald nach der von der Kritik unterschiedlich aufgenommenen Uraufführung 1931 in Wien wurde die Horváth-Rezeption durch den Nationalsozialismus brutal unterbrochen. Auch in der restaurativen Atmosphäre nach dem Zweiten Weltkrieg tat sich das Stück zunächst vor allem beim Wiener Publikum schwer, da es die offene Kritik am Wienertum nicht hinnehmen wollte. Erst mit der in der zweiten Hälfte der 60er-Jahre einsetzenden, von der politischen Linken vorangetriebenen Gesellschaftskritik, die verbunden war mit dem Willen zur Aufarbeitung der NS-Vergangenheit, fand das Werk Horváths ein Publikum, das sich mit den Zielsetzungen seiner „Volksstücke" identifizieren konnte. Seither gehören die „Geschichten aus dem Wiener Wald" zum Standardrepertoire deutscher Theater, wobei jede neue Inszenierung auch die Chance für moderne und aktuelle Deutungsakzente bietet.

Die in der Textausgabe auf den Seiten 122–126 versammelten Dokumente – ein Informationstext sowie mehrere repräsentative Aufführungskritiken – erlauben die Erarbeitung eines aufschlussreichen Überblicks über die Rezeption des Stücks im Unterricht. Zunächst werden die einzelnen Rezeptionsphasen im Rahmen eines Unterrichtsgesprächs charakterisiert:

■ *Welche vier Rezeptionsphasen unterscheidet der Text „Die Aufführungspraxis: Die Rezeption des Stücks auf der Bühne" (S. 122), wodurch werden diese Phasen charakterisiert? Ergänzen Sie die Textinformationen durch Ihr eigenes historisches Wissen.*

Die Ergebnisse werden auf einer Overheadfolie festgehalten (siehe als Kopiervorlage **Arbeitsblatt 28a**, S. 103). Als nächster Arbeitsschritt werden in Gruppenarbeit die den Rezeptionsphasen korrespondierenden Aufführungsbesprechungen ausgewertet. Die entsprechenden Arbeitsaufträge könnten folgendermaßen formuliert sein:

- *Gruppe A: Nennen Sie die wesentlichen Unterschiede in den beiden Beurteilungen zur Uraufführung von 1931 (Textausgabe, S. 123–124).*

- *Gruppe B: Fassen Sie die Hauptaussagen der Besprechung der Wiener Aufführung von 1948 kurz zusammen (Textausgabe, S. 124–125).*

- *Gruppe C: Beschreiben Sie, wie die Aufführung im Wiener Volkstheater 1968 durch den Kritiker charakterisiert wird (Textausgabe, S. 125–126).*

- *Gruppe D: Geben Sie die Beurteilung der Aufführung im Deutschen Theater Berlin 1995 wieder (Textausgabe, S. 126).*

Die Ergebnisse werden von den Gruppensprechern vorgestellt und ebenfalls auf der Overheadfolie (**Arbeitsblatt 28a**, S. 103) festgehalten. Ein Lösungsvorschlag ist auf dem **Arbeitsblatt 28b,** S.104 abgedruckt.

6.1.2 Handkes Prosa-Adaption

Die Erzählung „Totenstille beim Heurigen", erschienen erstmals im Jahre 1970, stellt den Versuch Peter Handkes dar, die „Geschichten aus dem Wiener Wald" in einen Prosatext zu transformieren. Damit verfolgt er nach eigener Aussage das Ziel, „das darin formulierte Bewusstsein [zu] kommentieren"[1]. Es geht ihm also mit anderen Worten um Interpretation. Zu diesem Zweck erzählt er die Handlung der Geschichte nach, wobei er zum Teil eigene Formulierungen verwendet, zum Teil Passagen wörtlich aus dem Originaltext übernimmt. Kleinere Teile der Handlung sowie verschiedene Nebenpersonen sind gestrichen. Zudem verzichtet Handke auf die szenische Untergliederung.

Der Einbezug des Handke-Textes in den Unterricht (siehe Textausgabe, S. 111–119) bietet die seltene Gelegenheit, die Möglichkeiten und Grenzen einer solchen Adaption auszuloten. Den Anfang der Behandlung der „Totenstille beim Heurigen" könnte fakultativ ein Schülerreferat zu Leben und Werk Handkes bilden (Themenvorschlag am Ende des Bausteins). Als verbindliche Vorbereitung ist der Text als Hausaufgabe zu lesen. Zu Beginn der Besprechung sollten die Schülerinnen und Schüler zunächst Gelegenheit erhalten, ihre Leseeindrücke spontan zu äußern:

- *Schildern Sie Ihre beim Lesen gewonnenen Eindrücke vom Text „Totenstille beim Heurigen".*

Anschließend wird ein systematischer Vergleich der Anfangsszene durchgeführt, für den als Sozialform die Partnerarbeit als besonders geeignet erscheint:

- *Vergleichen Sie die Anfangsszene des Dramas mit der entsprechenden Passage in Handkes „Totenstille beim Heurigen" und beschreiben Sie die dabei deutlich werdenden besonderen Merkmale des Prosatexts.*

Die Beobachtungen werden zusammengeführt und in einem summierenden Tafelbild gesammelt:

---

[1] Peter Handke: Ich bin ein Bewohner des Elfenbeinturms, Frankfurt a. Main 1972, S. 7

Peter Handkes „Totenstille beim Heurigen": Merkmale der Prosa-Adaption

- überwiegend textgetreue Nacherzählung des Dramas
- Textmontage aus Dialogen, Regieanweisungen und eigenen Formulierungen
- Dialoge teils in wörtlicher, teils in indirekter Rede
- Erzählzeit: Präsens
- Stilebene: Imitation der von Horváth angestrebten ironischen Wirkung des „Bildungsjargons"
- Deutlich komprimierter Umfang: Anfangsszene bei Horváth: ca. 7 Seiten → ca. 1 Seite bei Handke

Auf der Basis dieser Erkenntnisse sollen die Schülerinnen und Schüler dazu angeregt werden, über den Sinn und die Berechtigung einer solchen Nacherzählung zu diskutieren. Als Impulstext präsentiert die Lehrkraft auf einer Overheadfolie einen eher skeptischen Kommentar des Horváth-Herausgebers Traugott Krischke (als Kopiervorlage auf dem **Arbeitsblatt 29**, S. 105):

„Ödön von Horváth schrieb: ‚Ich kann meine Stücke nicht erzählen, es ist immer die kürzeste Form, in der ich es ausdrücken kann.' Man erfährt den Inhalt des Originals. Man erahnt manches, vielleicht. Vieles. Vielleicht.

Jeder Zusammenhang ist anfechtbar, jede Zusammenfassung ist weniger denn Ersatz. Man kann – will man Horváth kennenlernen – viele Wege gehen."

Aus: Traugott Krischke (Hrsg.): Materialien zu Ödön von Horváths „Geschichten aus dem Wiener Wald", Frankfurt a. Main: Suhrkamp 1972, S. 54

Der entsprechende Arbeitsauftrag lautet:

■ *Geben Sie die im Zitat deutlich werdende Haltung Krischkes gegenüber Handkes Nacherzählung mit eigenen Worten wieder.*

Folgende Ergebnisse dürfen erwartet werden:

Krischke äußert überwiegend deutliche Kritik an Handkes Vorgehen:
- Er verweist darauf, dass Horváth selbst sich seinerzeit nicht in der Lage gesehen hat, den künstlerischen Gehalt seiner Dramen in erzählter Form wiederzugeben.
- Eine Erzählung gibt den Inhalt wieder, worunter Krischke offenbar den äußeren Handlungsverlauf versteht. Damit ist aber die ästhetische Dimension eines Dramas in den Augen Krischkes noch lange nicht erschöpft.
- Eine Zusammenfassung stellt Zusammenhänge her und interpretiert damit bereits, legt sich also auf eine Lesart fest und schließt andere aus.
- Dennoch sieht Krischke im Text Handkes zumindest eine mögliche Annäherung an Horváth.

Die Positionen Krischkes können im weiteren Verlauf als Ausgangsbasis für eine Diskussion im Plenum genutzt werden.

■ *Nehmen Sie Stellung zu den Äußerungen Krischkes. Welche Aussagen können Sie nachvollziehen, welche sehen Sie eher kritisch?*

Am Ende der Diskussion könnte beispielsweise eine Abstimmung per Handzeichen darüber durchgeführt werden, ob die Prosa-Adaption Handkes insgesamt eine sinnvolle Ergänzung zur Dramenlektüre darstellt oder nicht.

6.2 Die Erstellung einer eigenen Rezension

Das Abfassen einer persönlichen Beurteilung zu den „Geschichten aus dem Wiener Wald" gibt den Schülerinnen und Schülern zum einen die Möglichkeit, die gesamte Unterrichtseinheit nochmals aus individueller Perspektive zu reflektieren. Zum anderen machen sie sich ihre Rolle als autonome Rezipienten eines literarischen Kunstwerks bewusst. Eine solche Aufwertung fördert erfahrungsgemäß die Offenheit der jungen Menschen für weitere private Leseerfahrungen.

Als Textform bietet sich die Rezension an, wobei das Stück primär als Lesetext beurteilt und die bühnenpraktische Umsetzung ausgeklammert wird. Eine solche reine Leserezeption dürfte jedoch von Horváth einkalkuliert worden sein. So enthält der Dramentext bei genauem Hinsehen immer wieder Informationen, die auf der Bühne gar nicht darstellbar sind[1], man vergleiche nur beispielsweise folgende Regieanweisung zu Beginn des Stücks: „[die Mutter Alfreds] bringt ihm gerade ein schärferes Messer." (S. 5)
In einem ersten Arbeitsschritt analysieren die Schülerinnen und Schüler mithilfe eines Informationstextes zum Begriff der Rezension (**Arbeitsblatt 30**, S. 106) die grundlegenden Anforderungen an die Textgattung.

■ *Erarbeiten Sie aus dem Text die wesentlichen Kennzeichen einer Rezension.*

Die Ergebnisse werden in einem Tafelbild zusammengefasst:

Kennzeichen einer Rezension

- kritische Besprechung eines Texts
- Kurzinformation, die Eigenarten eines Textes beleuchtet
- Inhalt nur angedeutet, nicht vorweggenommen
- Aufzeigen der Einstellung des Autors
- Formulieren eines eigenen Standpunkts
- öffentlicher Charakter, um andere Leser anzusprechen und ihnen ein eigenes Urteil zu ermöglichen

---

Ergänzend kann ein Mitglied der Lerngruppe im Internet nach Rezensionen zu den „Geschichten aus dem Wiener Wald" suchen und überprüfen, ob diese jeweils den erarbeiteten formalen Kriterien entsprechen. (Die genaue Formulierung des Referatsthemas findet sich am Ende des Bausteins).

---

[1] Vergleiche hierzu auch Hobek: Ödön von Horváth, a. a. O. S. 34

Anschließend erhält die Klasse den Auftrag, eine aussagekräftige persönliche Rezension zu verfassen.

■ *Erstellen Sie eine Rezension zu den „Geschichten aus dem Wiener Wald", die den im Unterricht erarbeiteten Kriterien entspricht und in der Ihre eigenen Leseerfahrungen zum Ausdruck kommen.*

Die Rezensionen können im Rahmen einer Schlussbesprechung vorgestellt werden. Alternativ kann auch eine Klassenhomepage als Abschluss der Lektüresequenz eingerichtet werden, auf der die Besprechungen öffentlich gemacht werden. Selbstverständlich können die Rezensionen auch auf den einschlägigen Seiten vieler Internet-Buchhandlungen hinterlegt werden, z. B. auf

- www.buecher.de
- www.amazon.de
- www.libri.de
- www.buch.de.

Themenvorschläge für Referate:

- Geben Sie einen Überblick über Leben und Werk Peter Handkes.

- Suchen Sie im Internet nach Rezensionen zu Horváths „Geschichten aus dem Wiener Wald" und untersuchen Sie, inwieweit diese tatsächlich die Anforderungen an die Gattung erfüllen.

Die Rezeption der „Geschichten aus dem Wiener Wald" auf deutschen Bühnen

Rezeptionsphase	Kritiken repräsentativer Inszenierungen

Die Rezeption der „Geschichten aus dem Wiener Wald" auf deutschen Bühnen (Lösungsvorschlag)

Rezeptionsphase	Kritiken repräsentativer Inszenierungen
1931: kontroverse Aufnahme der Uraufführung durch angesehene Theaterkritiker	**Uraufführung in Wien:** • Monty Jacobs: Kritik an der unbarmherzig betriebenen Demaskierung der Gesellschaft stößt Publikum ab; mehr Nachsicht wäre erforderlich gewesen • Alfred Polgar: Aufgezeigte menschliche Grundübel, keine spezielle Kritik an den Wienern; Figurengestaltung als Nachweis der „dramatischen Begabung" Horváths
Nachkriegszeit: nach dem Untergang des NS-Regimes Rückbesinnung auf traditionelle Leitbilder; Das Wienerische als Identifikationsmöglichkeit; → Horváth als „Nestbeschmutzer"	**Wiener Volkstheater 1948, ohne Verfasser:** Wahrnehmung der drastischen Gesellschaftskritik Horváths vonseiten des Publikums als massive Provokation und als Infragestellung des eigenen Selbstbildes
60er- bis 70er-Jahre: Politisierung der Gesellschaft, Anprangerung gesellschaftlicher Missstände, Aufarbeitung der NS-Zeit → Horváths Stücke treffen den Nerv der Zeit	**Wiener Volkstheater 1968, Herbert Nedomansky:** „Gerichtstaghalten" über gesellschaftliche Zustände; offene Konfrontation der Zuschauer mit ihren dunklen, verdrängten Seiten
Gegenwart (seit den 90er-Jahren): interpretative Offenheit angesichts einer sich rasch wandelnden gesellschaftlichen Realität → Horváth von bleibendem Interesse für moderne Inszenierungen	**Deutsches Theater Berlin 1995, Rüdiger Schaper:** Inszenierung befreit von den Horváth'schen Zeitbezügen; ansonsten allerdings nur „Polit-Schmankerl", also lediglich oberflächliche Aktualitätsbezüge

Traugott Krischke zu „Totentanz beim Heurigen"

„Ödön von Horváth schrieb: ‚Ich kann meine Stücke nicht erzählen, es ist immer die kürzeste Form, in der ich es ausdrücken kann.' Man erfährt den Inhalt des Originals. Man erahnt manches, vielleicht. Vieles. Vielleicht.
Jeder Zusammenhang ist anfechtbar, jede Zusammenfassung ist weniger denn Ersatz. Man kann – will man Horváth kennenlernen – viele Wege gehen."[1]

---

[1]   Aus: Traugott Krischke (Hrsg.): Materialien zu Ödön von Horváths „Geschichten aus dem Wiener Wald". Frankfurt am Main: Suhrkamp 1972, S. 54

■ *Geben Sie die Thesen Krischkes mit eigenen Worten wieder.*

■ *Nehmen Sie Stellung zu den Äußerungen Krischkes. Welche Aussagen können Sie nachvollziehen, welche sehen Sie eher kritisch?*

Kennzeichen einer Rezension

Wie schreibt man eine Rezension?
Wozu dient sie?

Eine Rezension ist eine kritische Besprechung eines Textes, die als eine Art Kurzinformation zum Werk insbesondere dessen Eigenart beleuchten soll. Statt einer ausführlichen Inhaltsangabe wird der Inhalt nur angedeutet und nicht vorweggenommen, die Einstellung des Autors wird aufgezeigt und ein eigener Standpunkt zum Werk formuliert. Rezensionen besitzen die Funktion, öffentlich zu sein, sodass sich ein anderer Leser anregen lassen kann, das Werk ebenfalls zu lesen, sich selbst aber auch eine eigene Meinung bilden kann.

Aus: Peter Kohrs (Hrsg.): Deutsch in der Oberstufe. Paderborn: Schöningh Verlag 2007, S. 133

■ *Erarbeiten Sie aus dem Text die wesentlichen Kennzeichen einer Rezension.*

Brief Lessings an Nicolai, 1756

Es kann sein, dass wir dem Grundsatze: *Das Trauerspiel soll bessern,* manches elende, aber gut gemeinte Stück schuldig sind; es kann
5 sein, sage ich, denn diese Ihre Anmerkung klingt ein wenig zu sinnreich, als dass ich sie gleich für wahr halten sollte. Aber das erkenne ich für wahr, dass kein Grund-
10 satz, wenn man sich ihn recht geläufig gemacht hat, bessere Trauerspiele kann hervorbringen helfen als der: *Die Tragödie soll Leidenschaften erregen.* [...]
15 Wenn es also wahr ist, dass die Kunst des tragischen Dichters auf die sichere Erregung und Dauer des einzigen Mitleidens geht, so sage ich nunmehr, die Bestimmung der
20 Tragödie ist diese: Sie soll *unsre Fähigkeit, Mitleid zu fühlen,* erweitern. Sie soll uns nicht bloß lehren, gegen diesen oder jenen Unglücklichen Mitleid zu fühlen, sondern sie soll uns so weit fühlbar machen, dass uns der Unglückliche zu allen Zeiten und unter allen
25 Gestalten rühren und für sich einnehmen muss. Und nun berufe ich mich auf einen Satz, den Ihnen Herr Moses [Mendelssohn] vorläufig demonstrieren mag, wenn Sie, Ihrem eigenen Gefühl zum Trotz, daran zweifeln wollen *Der mitleidigste Mensch ist der beste*

Gotthold Ephraim Lessing

Mensch, zu allen gesellschaftlichen 30 Tugenden, zu allen Arten der Großmut der aufgelegteste. Wer uns also mitleidig macht, macht uns besser und tugendhafter, und das Trauerspiel, das jenes tut, tut 35 auch dieses, oder – es tut jenes, um dieses tun zu können. Bitten Sie es dem Aristoteles ab, oder widerlegen Sie mich.
Auf gleiche Weise verfahre ich mit 40 der Komödie. Sie soll uns zur Fertigkeit verhelfen, alle Arten des Lächerlichen leicht wahrzunehmen. Wer diese Fertigkeit besitzt, wird in seinem Betragen alle Arten 45 des Lächerlichen zu vermeiden suchen und eben dadurch der wohlgezogenste und gesittetste Mensch werden. Und so ist auch die Nützlichkeit der Komödie gerettet. 50
Beider Nutzen, des Trauerspiels sowohl als des Lustspiels, ist von dem Vergnügen unzertrennlich; denn die ganze Hälfte des Mitleids und des Lachens ist Vergnügen, und es ist großer Vorteil für den dramatischen Dichter, dass er weder nützlich noch ange- 55 nehm, eines ohne das andere sein kann.

Zitiert nach: Gotthold Ephraim Lessing: Werke. Band 1. Darmstadt: Wissenschaftliche Buchgesellschaft 1994

■ *Vergleichen Sie die in dem Text dargelegte dramatische Wirkungstheorie Lessings mit der Theaterästhetik Horváths.*

Bertolt Brecht: Über experimentelles Theater

Die Einfühlung ist ein Grundpfeiler der herrschenden Ästhetik. Schon in der großartigen „Poetik" des Aristoteles wird beschrieben, wie die Ka-
5 tharsis, d.h. die seelische Läuterung des Zuschauers, vermittels der *Mimesis* herbeigeführt wird. Der Schauspieler ahmt den Helden nach (den Oedipus oder den Prometheus), und er tut
10 es mit solcher Suggestion und Verwandlungskraft, daß der Zuschauer ihn darin nachahmt und sich so in Besitz der Erlebnisse des Helden setzt. Hegel, der meines Wissens die letzte
15 große Ästhetik verfaßt hat, verweist auf die Fähigkeit des Menschen, angesichts der vorgetäuschten Wirklichkeit die gleichen Emotionen zu erleben wie angesichts der Wirklichkeit selber. Was ich Ihnen nun
20 berichten wollte, ist, daß eine Reihe von Versuchen, vermittels des Theaters ein praktikables Weltbild herzustellen, zu der verblüffenden Frage geführt haben, ob es zu diesem Zweck nicht notwendig sein wird, die Einfühlung mehr oder weniger preiszugeben.
25 Faßt man nämlich die Menschheit mit all ihren Verhältnissen, Verfahren, Verhaltungsweisen und Institutionen nicht als etwas Feststehendes, Unveränderliches auf und nimmt man ihr gegenüber die Haltung ein, die man der Natur gegenüber mit solchem Erfolg
30 seit einigen Jahrhunderten einnimmt, jene kritische, auf Veränderungen ausgehende, auf die Meisterung der Natur abzielende Haltung, dann kann man die Einfühlung nicht verwenden. Einfühlung in änderbare Menschen, vermeidbare Handlungen, überflüs-
35 sigen Schmerz usw. ist nicht möglich. Solange in der Brust des König Lear[1] seines Schicksals Sterne sind, solange er als unveränderlich genommen wird, seine Handlungen naturbedingt, ganz und gar unhinderbar, eben schicksalhaft hingestellt werden, können
40 wir uns einfühlen. Jede Diskussion seines Verhaltens ist so unmöglich, wie für den Menschen des X. Jahrhunderts eine Diskussion über die Spaltung des Atoms unmöglich war.

Kam der Verkehr zwischen Bühne und Publikum auf
45 der Basis der Einfühlung zustande, dann konnte der Zuschauer nur jeweils so viel sehen, als der Held sah, in den er sich einfühlte. Und er konnte bestimmten Situationen auf der Bühne gegenüber nur solche Gefühlsbewegungen haben, als die „Stimmung" auf der

Bertolt Brecht

Bühne ihm erlaubte. Die Wahrneh- 50
mungen, Gefühle und Erkenntnisse des Zuschauers waren denjenigen der auf der Bühne handelnden Personen gleichgeschaltet. Die Bühne konnte kaum Gemütsbewegungen erzeugen, 55
Wahrnehmungen gestatten und Erkenntnisse vermitteln, welche auf ihr nicht suggestiv repräsentiert wurden. Der Zorn des Lear über seine Töchter steckte den Zuschauer an, d.h. der 60
Zuschauer konnte, zuschauend, nur ebenfalls Zorn erleben, nicht etwa Erstaunen oder Beunruhigung, also andere Gemütsbewegungen. Der Zorn des Lear konnte also nicht auf seine 65
Berechtigung hin geprüft oder mit Voraussagen seiner möglichen Folgen versehen werden. [...]

Die Einfühlung ist das große Kunstmittel einer Epoche, in der der Mensch die Variable, seine Umwelt die 70
Konstante ist. Einfühlen kann man sich nur in den Menschen, der seines Schicksals Sterne in der eigenen Brust trägt, ungleich uns.

Es ist nicht schwer, einzusehen, daß das Aufgeben der Einfühlung für das Theater eine riesige Entscheidung, 75
vielleicht das größte aller denkbaren Experimente bedeuten würde.

Die Menschen gehen ins Theater, um mitgerissen, gebannt, beeindruckt, erhoben, entsetzt, ergriffen, gespannt, befreit, zerstreut, erlöst, in Schwung ge- 80
bracht, aus ihrer eigenen Zeit entführt, mit Illusionen versehen zu werden. All dies ist so selbstverständlich, daß die Kunst geradezu damit definiert wird, daß sie befreit, mitreißt, erhebt usw. Sie ist gar keine Kunst, wenn sie das nicht tut. 85

Die Frage lautete also: ist Kunstgenuß überhaupt möglich ohne Einfühlung, oder jedenfalls auf einer andern Basis als der Einfühlung? Was könnte eine solche neue Basis abgeben?

Was könnte an die Stelle von *Furcht* und *Mitleid* ge- 90
setzt werden, des klassischen Zwiegespanns zur Herbeiführung der aristotelischen Katharsis? Wenn man auf die Hypnose verzichtete, an was könnte man appellieren? Welche Haltung sollte der Zuhörer einnehmen in den neuen Theatern, wenn ihm die traumbe- 95
fangene, passive, in das Schicksal ergebene Haltung verwehrt würde? Er sollte nicht mehr aus seiner Welt in die Welt der Kunst entführt, nicht mehr gekidnappt werden; im Gegenteil sollte er in seine reale Welt eingeführt werden, mit wachen Sinnen. War es 100
möglich, etwa anstelle der Furcht vor dem Schicksal

---

1   Brecht bezieht sich hierbei auf das Theaterstück „König Lear" von William Shakespeare.

die Wissensbegierde zu setzen, anstelle des Mitleids die Hilfsbereitschaft? Könnte man damit einen neuen Kontakt schaffen zwischen Bühne und Zuschauer,
105 könnte das eine neue Basis für den Kunstgenuß abgeben? Ich kann die neue Technik des Dramenbaus, des Bühnenbaus und der Schauspielweise, mit der wir Versuche anstellten, hier nicht beschreiben. Das Prinzip besteht darin, anstelle der Einfühlung die *Verfrem-*
110 *dung* herbeizuführen. Was ist Verfremdung?

Einen Vorgang oder einen Charakter verfremden heißt zunächst einfach, dem Vorgang oder dem Charakter das Selbstverständliche, Bekannte, Einleuchtende zu nehmen und über ihn Staunen und Neu-
115 gierde zu erzeugen. Nehmen wir wieder den Zorn des Lear über die Undankbarkeit seiner Töchter. Vermittels der Einfühlungstechnik kann der Schauspieler diesen Zorn so darstellen, daß der Zuschauer ihn für die natürlichste Sache der Welt ansieht, daß er sich
120 gar nicht vorstellen kann, wie Lear nicht zornig werden könnte, daß er mit Lear völlig solidarisch ist, ganz und gar mit ihm mitfühlt, selber in Zorn verfällt. Vermittels der Verfremdungstechnik hingegen stellt der Schauspieler diesen Learschen Zorn so dar, daß
125 der Zuschauer über ihn staunen kann, daß er sich noch andere Reaktionen des Lear vorstellen kann als gerade die des Zornes. Die Haltung des Lear wird verfremdet, d. h. sie wird als eigentümlich, auffallend, bemerkenswert dargestellt, als gesellschaft-
130 liches Phänomen, das nicht selbstverständlich ist. Dieser Zorn ist menschlich, aber nicht allgemein menschlich, es gibt Menschen, die ihn nicht empfänden. Nicht bei allen Menschen und nicht zu allen Zeiten müssen die Erfahrungen, die Lear macht, Zorn
135 auslösen. Zorn mag eine ewig mögliche Reaktion der

Menschen sein, aber dieser Zorn, der Zorn, der sich so äußert und seine solche Ursache hat, ist zeitgebunden. Verfremden heißt also Historisieren, heißt Vorgänge und Personen als historisch, also als vergänglich darstellen. Dasselbe kann natürlich auch mit 140 Zeitgenossen geschehen, auch ihre Haltungen können als zeitgebunden, historisch, vergänglich dargestellt werden.

Was ist damit gewonnen? Damit ist gewonnen, daß der Zuschauer die Menschen auf der Bühne nicht 145 mehr als ganz unänderbare, unbeeinflußbare, ihrem Schicksal hilflos ausgelieferte dargestellt sieht. Er sieht: dieser Mensch ist so und so, weil die Verhältnisse so und so sind. Und die Verhältnisse sind so und so, weil der Mensch so und so ist. Er ist aber nicht nur 150 so vorstellbar, wie er ist, sondern auch anders, so wie er sein könnte, und auch die Verhältnisse sind anders vorstellbar, als sie sind. Damit ist gewonnen, daß der Zuschauer im Theater eine neue Haltung bekommt. Er bekommt den Abbildern der Menschenwelt auf der 155 Bühne gegenüber jetzt dieselbe Haltung, die er, als Mensch dieses Jahrhunderts, der Natur gegenüber hat. Er wird auch im Theater empfangen als der große Änderer, der in die Naturprozesse und die gesellschaftlichen Prozesse einzugreifen vermag, der die 160 Welt nicht mehr nur hinnimmt, sondern sie meistert. Das Theater versucht nicht mehr, ihn besoffen zu machen, ihn mit Illusionen auszustatten, ihn die Welt vergessen zu machen, ihn mit seinem Schicksal auszusöhnen. Das Theater legt ihm nunmehr die 165 Welt vor zum Zugriff.

Aus: Bertolt Brecht: Werke, Große kommentierte Berliner und Frankfurter Ausgabe. Band 22: Schriften 2, © Suhrkamp Verlag Frankfurt am Main 1993
(Aus lizenzrechtlichen Gründen nicht in reformierter Schreibung)

■ *Erarbeiten Sie aus dem Text die Grundideen des „epischen Theaters" und stellen Sie diese der Theatertheorie Horváths gegenüber.*

Klausurvorschlag

Dom

Amt, Orgel und Gesang

GRETCHEN *unter vielem Volke,* BÖSER GEIST
hinter Gretchen.

5 BÖSER GEIST.
   Wie anders, Gretchen, war dir's,
   Als du noch voll Unschuld
   Hier zum Altar tratst,
   Aus dem vergriffnen Büchelchen
10   Gebete lalltest,
   Halb Kinderspiele,
   Halb Gott im Herzen!
   Gretchen!
   Wo steht dein Kopf?
15   In deinem Herzen,
   Welche Missetat?
   Betst du für deiner Mutter Seele, die
   Durch dich zur langen, langen Pein hinüber-
      schlief?
20   Auf deiner Schwelle wessen Blut?
   – Und unter deinem Herzen
   Regt sich's nicht quillend schon,
   Und ängstet dich und sich
   Mit ahnungsvoller Gegenwart?
25 GRETCHEN. Weh! Weh!
   Wär ich der Gedanken los,
   Die mir herüber und hinüber gehen
   Wider mich!
   CHOR. Dies irae, dies illa
30   Solvet saeclum in favilla.
      (Orgelton.)
   BÖSER GEIST. Grimm fasst dich!
   Die Posaune tönt!
   Die Gräber beben!
35   Und dein Herz,
   Aus Aschenruh
   Zu Flammenqualen
   Wieder aufgeschaffen,
   Bebt auf!
40 GRETCHEN. Wär ich hier weg!
   Mir ist, als ob die Orgel mir
   Den Atem versetzte,
   Gesang mein Herz
   Im Tiefsten löste.
45 CHOR Judex ergo cum sedebit,
   Quidquid latet adparebit,
   Nil inultum remanebit.

Gretchen

GRETCHEN. Mir wird so eng!
   Die Mauern-Pfeiler
50   Befangen mich!
   Das Gewölbe
   Drängt mich! – Luft!
   BÖSER GEIST. Verbirg dich! Sünd und Schande
   Bleibt nicht verborgen.
55   Luft? Licht?
   Weh dir!
   CHOR. Quid sum miser tunc dicturus?
   Quem patronum rogaturus?
   Cum vix justus sit securus.
60 BÖSER GEIST Ihr Antlitz wenden
   Verklärte von dir ab.
   Die Hände dir zu reichen,
   Schauert's den Reinen.
   Weh!
65 CHOR. Quid sum miser tunc dicturus?
   GRETCHEN. Nachbarin! Euer Fläschchen! –
      (Sie fällt in Ohnmacht.)

Aus: Johann Wolfgang von Goethe: Faust I. Hrsg. von Johannes Diekhans.
Paderborn: Schöningh 1999, S. 125–127

■ *Betten Sie zunächst die Szene II, 7 „Im Stephansdom" in den Handlungszusammenhang ein.
Vergleichen Sie anschließend die Textstelle mit der Szene „Dom" aus Goethes Faust I. Berücksichtigen Sie dabei sowohl inhaltliche als auch dramaturgische Kriterien.*

Literaturverzeichnis

Textausgabe:

Diekhans, Johannes (Hrsg.): Ödön von Horváth: Geschichten aus dem Wiener Wald, Paderborn 2009. Best.-Nr.: 022441

Werkausgabe:

Krischke, Traugott/Hildebrandt, Dieter (Hrsg.): Ödön von Horváth. Gesammelte Werke, Bände I–IV, Frankfurt a. Main 1970–1971

Literatur:

Aust, Hugo/Haida, Peter/Hein, Jürgen: Volksstück. Vom Hanswurstspiel zum sozialen Drama der Gegenwart, München 1989

Bartsch, Kurt: Scheitern im Gespräch. Beobachtungen zu typischen Kommunikationsstrukturen in Horváths Volksstücken, in: ders./Baur, Uwe/Goltschnigg, Dietmar (Hrsg.): Horváth-Diskussion, Kronberg i. Taunus, 1976, S. 38–54

Baumgartner, Wilhelm: Lied und Musik in den Volksstücken Ödön von Horváths, in: Krischke, Traugott (Hrsg.): Horváths Stücke, Frankfurt a. Main 1988, S. 154–180

Berger, Peter: Kurze Geschichte Österreichs im 20. Jahrhundert, Wien 2007

Brandt, Karsten: Die Dissoziation eines Schriftstellers in den Jahren 1934–1936: Ödön von Horváth und H.W. Becker, Diss. phil., Berlin 2004. Elektronische Dissertation, veröffentlicht unter:
http://edoc.hu-berlin.de/dissertationen/brandt-karsten-2005-02-03/PDF/brandt.pdf

Breuss, Susanne/Liebhart, Karin/Pribersky, Andreas: Inszenierungen – Stichwörter zu Österreich, Wien [2]1995

Doppler, Adolf: Bemerkungen zur dramatischen Form der Volksstücke Horváths, in: Bartsch, Kurt/Baur, Uwe/Goltschnigg, Dietmar (Hrsg.): Horváth-Diskussion, Kronberg i. Taunus, 1976, S. 11–21

Doppler, Adolf: Dramatisches Geschehen als sprachliches Arrangement, Ödön von Horváths „Geschichten aus dem Wiener Wald", in: ders.: Wirklichkeit im Spiegel der Sprache, Wien 1975, S. 150–171

Eckhardt, Juliane: Horváths Stücke unter literaturdidaktischem Aspekt, in: Krischke, Traugott (Hrsg.): Horváths Stücke, Frankfurt a. Main 1988, S. 194–229

Elm, Theo: Ödön von Horváth: Geschichten aus dem Wiener Wald. Volksstück in drei Teilen (1931). Psychographie des Mittelstands, in: ders.: Das soziale Drama, Stuttgart 2004, S. 238–256

Emrich, Wilhelm: Die Dummheit oder das Gefühl der Unendlichkeit, in: Krischke, Traugott (Hrsg.): Materialien zu Ödön von Horváth, Frankfurt a. Main 1970, S. 139–147

Goltschnigg, Dietmar: Das Sprachklischee und seine Funktion im dramatischen Werk Ödön von Horváths, in: Wirkendes Wort 25 (1975), S. 181–196

Hildebrandt, Dieter: Der Jargon der Uneigentlichkeit. Notizen zur Sprachstruktur in Horváths „Geschichten aus dem Wiener Wald", in: Krischke, Traugott (Hrsg.): Materialien zu Ödön von Horváths „Geschichten aus dem Wiener Wald", Frankfurt a. Main 1972, S. 236–245

Hildebrandt, Dieter: Liebe, Tod und Kapital, in: Krischke, Traugott (Hrsg.): Materialien zu Ödön von Horváth, Frankfurt a. Main 1970, S. 161–172

Hildebrandt, Dieter: Ödön von Horváth in Selbstzeugnissen und Bilddokumenten, Reinbek 1975

Himmel, Hellmuth: Ödön von Horváth und die Volksstücktradition, in: Krischke, Traugott (Hrsg.): Ödön von Horvath, Frankfurt a. Main 1981, S. 46–56

Hinck, Walter: Das erneuerte Volksstück. Horváth, Zuckmayer, in: ders.: Das moderne Drama in Deutschland, Göttingen 1973, S. 130–141

Haag, Ingrid: Horváth und Freud: Vom „Unbehagen in der Kultur" zur Dramaturgie des Unheimlichen, in: Krischke, Traugott (Hrsg.): Horváths Stücke, Frankfurt a. Main 1988, S. 66–83

Haag, Ingrid: Zeigen und Verbergen – zu Horváths dramaturgischem Verfahren, in: Krischke, Traugott (Hrsg.): Horváths „Geschichten aus dem Wiener Wald", Frankfurt a. Main 1983, S. 138–153

Hobek, Friedrich: Ödön von Horváth, Geschichten aus dem Wiener Wald. Grundlagen und Gedanken, Frankfurt a. Main ²1996

Jarka, Horst: Ödön von Horváth und das Kitschige, in: Zeitschrift für deutsche Philologie 91 (1972), S. 558–585

Kahl, Kurt: Der Dramatiker der Krise, in: Krischke, Traugott (Hrsg.): Materialien zu Ödön von Horváth, Frankfurt a. Main 1970, S. 147–161

Kim, Mi-Young: Erzählung ohne Erzählen. Studien zur Typologie der Storyliteratur mit besonderer Berücksichtigung nicht-narrativer Formen, Wuppertal 2003. Elektronische Dissertation, veröffentlicht unter:
http://elpub.bib.uni-wuppertal.de/edocs/dokumente/fb04/diss2003/kim/d040302.pdf

Krischel, Volker: Erläuterungen zu Ödön von Horváth, Geschichten aus dem Wiener Wald, Hollfeld 2007

Krischke, Traugott (Hrsg.): Horváths „Geschichten aus dem Wiener Wald", Frankfurt a. Main 1983

Krischke, Traugott (Hrsg.): Horváths Stücke, Frankfurt a. Main 1988

Krischke, Traugott (Hrsg.): Materialien zu Ödön von Horváth, Frankfurt a. Main 1970

Krischke, Traugott (Hrsg.): Materialien zu Ödön von Horváths „Geschichten aus dem Wiener Wald", Frankfurt a. Main 1972

Krischke, Traugott: Ödön von Horváth, Frankfurt a. Main 1981

Kurzenberger, Hajo: Horváths Volksstücke. Beschreibung eines poetischen Verfahrens, München 1974

Lindken, Hans Ulrich: Illusion und Wirklichkeit in Ödön von Horváths Volksstück „Geschichten aus dem Wiener Wald", in: Modern Austrian Literature 9 (1976), S. 26–43

Müller, Gerd: Das Volksstück von Raimund bis Kroetz. Die Gattung in Einzelanalysen, München 1979

Neis, Edgar: Wie interpretiere ich ein Drama? Anleitung zur Analyse klassischer und moderner Dramen, Hollfeld ³1990. Niederstätter, Alois: Geschichte Österreichs, Stuttgart 2007

Reinhardt, Hartmut: „Demaskierung" als moralische Provokation. Beobachtungen zum dramatischen Verfahren Ödön von Horváths, in: Wirkendes Wort 25 (1975), S. 197–214

Roth-Lange, Friedhelm: Szenographien lesen? am Beispiel von Bühnenräumen zu Büchners „Woyzeck", Wedekinds „Frühlings Erwachen" und Horváths „Geschichten aus dem Wiener Wald", in: Der Deutschunterricht 55 (2004), S. 31–45

Schell, Maximilian: Ödön von Horváth, Geschichten aus dem Wiener Wald. Ein Film, Frankfurt a. Main 1979

Schilling, Heinz: Kleinbürger. Mentalität und Lebensstil, Frankfurt a. Main 2003

Schirmers, Georg: „Es gibt für mich ein Gesetz und das ist die Wahrheit". Ödön von Horvath, 1901–1938, Hagen 2001

Schmidjell, Christine: Ödön von Horváth, Geschichten aus dem Wiener Wald. Erläuterungen und Dokumente, Stuttgart 2000

Schmitz, Thomas: Das Volksstück, Stuttgart 1990

Schnitzler, Christian: Der politische Horváth. Untersuchungen zu Leben und Werk, Frankfurt a. Main u. a. 1990

Schulte, Birgit: Ödön von Horváth: verschwiegen – gefeiert – glattgelobt. Analyse eines ungewöhnlichen Rezeptionsverlaufs, Bonn 1980

Walder, Martin: Die Uneigentlichkeit des Bewusstseins. Zur Dramaturgie Ödön von Horváths, Diss. phil. Bonn 1974

Wertheimer, Jürgen: Horváth lesen lernen – „Geschichten aus dem Wiener Wald" im Unterricht, in: Krischke, Traugott (Hrsg.): Horváths „Geschichten aus dem Wiener Wald", Frankfurt a. Main 1983, S. 154–176